KB058701

나는 주식으로 월급 두 번 받는다

나는 주식으로 월급 두 번 받는다

매달 꼬박꼬박 들어오는 현금흐름 창출법

공돌투자자(김동준) 지음

RHK
알에이치코리아

월급을 이기는 직장인의 투자

세상에 오르지 않는 것이 딱 2가지 있다고 한다. 바로 월급과 내 아이 성적이 그 주인공이다. 날개를 단 듯 치솟는 물가에 비해 더 디 오르는 월급 덕에 내 삶은 더욱 쪼들리고 마음은 급해진다.

이런 상황에서 만약 월급이 2배가 된다면 어떨까? 상상만 해도 기분이 좋아지는 일이다. 일단 월급이 2배가 되면, 실생활이 눈에 띄게 윤택해진다. 또한 결혼과 출산을 포함한 인생의 여러 선택지 앞에서 돈 때문에 망설이거나 포기하는 일이 없어진다. 1주택자의 집값 상승과 내 계좌 속 주식의 주가 상승은 기분은 좋게 만들지만, 실질적인 생활을 개선하지는 못한다. 그렇다. 나는 평가수익이 늘어나는 장기투자보다 평가수익과 더불어 실현수익이 매달 꽂히는 단기투자를 선호한다. 단기투자를 통해 매달 현금흐름을 만들어, 마치 월급 같은 수익을 내는 투자를 한다. 나는 이를 '월급 같은 투자'라고 부른다.

매달 말일이 되면 항상 체크하는 것이 있다. 바로 주식계좌의 이번 달 실현수익이 내 월급보다 많은지 확인하는 일이다. 그리고 매해 12월 마지막 거래일에는 올해의 실현수익이 내 연봉보다 많은지 확인한다. 나는 2013년 이후 11년 연속으로 플러스 수익을 냈고, 2015년 이후로는 2018년 단 한 해만 제외하고 8년간 주식수익이 연봉을 이겼다(공교롭게도 2018년은 휴직으로 직장을 다니지 않을 때이다).

이렇게 난 매달 월급을 두 번 받게 되었고 주식투자를 통해 받는 두 번째 월급이 회사에 다니며 받는 첫 번째 월급보다 압도적으로 많다. 주식수익이 연봉을 추월하자 난 월급의 노예에서 해방되었다. 불필요한 야근은 하지 않았고 회식은 1차만 하고 도망갈 수 있게 되었다.

많은 직장인이 월급 2배를 꿈꾸며 재테크에 뛰어든다. 하지만 준비되지 않은 재테크는 월급 2배는커녕 월급 절반을 야기시킨다. 내가 주식을 통해 수익을 낸다는 사실을 아는 직장동료들은 이런 질문을 한다.

"드디어 1억 다 모았는데, 어디에 투자해야 할까요?"
"김 과장, 잘 들었어. 그래서 뭐 사라고?"

이 질문에서 느껴지듯이, 대부분 사람은 투자의 과정을 궁금해하지 않고, 즉각적인 답만을 원한다. 깊은 고민이나 귀찮은 공부 없이 남이 사라고 하는 주식을 사서 돈을 벌고 싶어 한다. 이런 심리는 투자 관련 콘텐츠에도 고스란히 반영된다. 주식 유튜브 섬네일에는 "내일 오를 주식, 바로 이것이다.", "큰돈 벌 수 있는 종목 딱 3개 짚어드릴게요" 같은 식의 어그로성 제목이 난무한다. 다만 제대로 투자할 준비가 되지 않은 상태에서 이런 어그로에 혹하게 되면, 야근하랴 특근하랴 힘들게 모은 돈을 허망하게 잃어버리기 쉽다.

투자 시장에서 살아남기 위해서는 남들이 잡아다 주는 물고기만 기다릴 것이 아니라, 물고기 잡는 법을 배워야 한다. 남들이 떠먹여 주는 종목추천만 기다릴 것이 아니라, 주식투자의 원리를 깨

우치고 어떻게 하면 투자를 잘할 수 있는지 배워야 한다. 이 책에는 이런 내용이 중점적으로 담겼다.

나는 월 100%, 200%의 경이로운 수익률을 자랑하는 유형의 투자자는 아니다. 월급처럼 월 5%, 10%의 수익률을 꾸준히 쌓아가는 투자자다. 그러나 나와 같은 월급쟁이는 안정적 수입인 월급을 발판으로 안정적인 매매를 해야 한다고 생각한다. 자산이 늘어나는 속도가 느려서 답답하게 느껴질 수 있지만, 월 6%의 수익률을 꾸준히 쌓아가면 1년이면 원금의 2배가 된다. 그리고 어느새 주식 수익이 월급을 앞지르게 된다.

"인생 길게 보는 거야… 멀리 봐야 해."

인사고과 시즌, 승진에서 미끄러졌던 나에게 상사가 해준 말이다. 이런 종류의 말을 들으면 위로는커녕 화가 나기도 한다. 대책 없이 막연한 말이기 때문이다. 하지만 이를 재테크에 적용하면, 본질을 꿰뚫는 말이 된다. 단기간에 돈을 버는 것도 물론 중요하지만, 그 자산을 길게 지키는 것이 더 중요하기 때문이다. 그러므로 월급쟁이는 월급이라는 무기를 가지고 안정적인 제2의 월급 시스템을 구축해 나가야 한다.

죽을힘을 다해 일하지만, 형편이 넉넉지 않은 직장인들은 적은 월급에 더욱 구속되기 마련이다. 월급에 구속된 직장인은 직장에 구속되는 악순환에 빠진다. 여기에서 벗어나고 싶어 재테크를 시작하려고 하지만, 너무 막막하고 시간의 한계도 느끼게 된다.

어떻게 종잣돈이라는 것을 만들어야 할지, 주식을 해야 할지 부동산을 해야 할지, 주식을 한다면 단기투자를 해야 할지 장기투자를 해야 할지…. 모든 것이 막막하다. 막연하게 삼성전자 같은 우량주 장기투자를 하려고 하지만, 마음처럼 삼성전자 주가가 움직여 주지 않는다. 하필 내가 투자한 시점은 꼭지이고 내가 판 시점은 바닥이다. 삼성전자의 주가는 언젠가 올라가겠지만, 그 시점이 내가 결혼하기 전, 내가 출산하기 전이기란 쉽지 않다.

이런 직장인의 한계를 어떻게 극복해야 하는지, 직장인에게 어떤 투자가 적합한지, 나의 20년의 투자 경험과 10년 이상의 회사 생활을 바탕으로 책 내용을 진솔하게 채웠다. 당신의 꿈이 직장인은 아니었을 것이다. 나 역시 그렇다. 그래서 우리에게 투자가 필요하다. 경제적 자유를 이루었을 때 비로소 내가 진짜 원하는 일을 할 수 있으니 말이다.

내가 주식 투자를 시작한 지 어느덧 20년이 넘었다. 그중 10년은 허송세월했고 나머지 10년은 꾸준히 월급을 압도하는 수익을 냈다. 그리고 이후의 시간은 공모주, 파킹통장을 통해 '꼬박꼬박' 들어오는 현금흐름을 창출해 제3의 월급에 도전하고 있다.

그 일련의 과정을 이 책에 기술함으로써 독자들이 나와는 다르게 10년의 세월을 아낄 수 있게끔 했다. 금수저가 아닌 이상 순수한 월급만으로는 내 집 마련은 물론이고 결혼과 출산마저 쉽게 꿈꿀 수 없는 현실이기에, 많은 이들을 위한 부의 사다리를 놓는 심정으로 글을 썼다.

1장에서는 월급에 구속되어 살아가는 직장인의 삶을 조망하고 투자하지 않는 직장인의 한계를 설명한다. 열심히 사는데 왜 항상 삶이 팍팍하기만 한지, 그 원인을 분석하고 직장생활만 열심히 해서는 안 되는 이유를 말한다. 2장에서는 막연하게 직장인이어서 투자하지 못한다는 이들에게 힘들어도 투자를 해야 하는 이유를 짚는다. 시간이 없고 시드가 없지만, 이는 투자의 큰 걸림돌이 될 수 없음을 설명한다. 3장에서는 직장인이 느끼는 투자의 어려움을 극복하는 방법을 설명한다. 어떤 종목들에 관심을 가지고 매매해야 하는지, 매매에 투입되는 시간을 어떻게 줄이고 공부 시간을 어떻게 확보해야 하는지를 이야기한다. 4장에는 내가 실제로 투자하는 방법을 담았다. 장중 매매, 종가 베팅, 우량주, 배당주 매매의 구체적 방법론을 제시한다. 5장에서는 투자를 통해 재정적 여유가 생겼을 때, 그 돈을 잘 관리하고 월급과 같은 현금흐름을 어떻게 구축해 나가는지 소개한다. 6장에는 총 20년 이상의 투자 경험에서 얻은 꿀팁을 전수해 독자가 겪을 시행착오를 줄이는 방법을 담았다.

직장인을 타겟으로 작성하였으나 자영업자를 비롯해 앞으로 사회생활을 시작할 독자들에게도 유익하게 읽히길 바란다. 조금 느린 듯해도 조금 더딘 듯해도 꾸준히 시장과 함께 호흡하며 노력한다면 앞이 보일 것이다. 이 책이 친절한 길잡이가 되었으면 한다.

힘든 길이겠지만, 노력한다면 해피엔딩일 것이다.

함께 가보자.

2024년을 앞두고

공돌투자자

목차

5장 · 비로소 월급으로부터 자유로워지다

6장 · 당신의 10년을 아껴드립니다

나는 주식으로 월급 두 번 받는다

1장

월급이라는 구속

- 1 -
월급의 포근함에 취하다

대기업의 신입사원이 되었다

"OO 전자 OO 사업본부에 합격하신 것을 축하드립니다.
사내 신규인력 조기전력화에 의거, 아래와 같이 신입사원 과정 안내
를 드리오니 유첨 자료를 참고하시어 과정에 참석하여 주시기 바랍
니다."

바늘구멍 같다는 취업 문을 뚫고 대기업에 합격한 게 벌써 15년
전 일이다. 초등학교 6년, 중학교 3년, 고등학교 3년, 대학교 4년,
대학원 2년, 무려 18년을 쏟아부어 만든 결과물이다. 당시를 회상

하자면, 이제 부자 될 일만 남은 것 같았다. 빵빵한 연봉과 성과급에 승진을 몇 번 하다 보면 ○○ 전자 임원도 금방일 것만 같았다. 그러나 현실은 참혹했다. 쏟아지는 업무로 인해 야근은 습관이 되어가고, 주말도 없었다.

봉지로 대충 휘저은 커피믹스를 들고 사회생활 한답시고 직장 선배를 따라 간 흡연구역에서, 선배는 푸념을 늘어놓기 바빴다. 결혼하고 아이까지 있지만, 그는 그렇게 풍족하지 못했다. 내 집 마련은 언감생심, 매일 돈 걱정이었다. 심지어 그 선배는 맞벌이였는데 … '저게 내 미래일까?' 하는 생각이 밀려왔다.

상대적으로 급여나 복지가 좋다고 여겨지는 대기업에 다니는 사람이라도 소비만 좀 넉넉하게 할 뿐, 부자인 사람은 별로 없다. 심지어 둘이 합쳐 연 수입이 2억 원에 육박하는 대기업 맞벌이 부부여도 막상 수중에 돈이 별로 없다. 맞벌이하려면 아이를 누군가에게 맡겨야 하고 학원을 돌려야 한다. 이 비용이 만만치 않다. 그리고 많이 벌면 많이 쓰게 된다. 한번 늘어난 소비를 줄이는 것은 무척 어렵다. 그 선배의 상황도 이와 크게 다르지 않았을 것이다. 이게 내 미래가 될 수도 있다니, 무언가 다른 방법을 찾아야만 했다.

일반 평직원으로는 도저히 풍족한 삶을 살 수 없을 것만 같아 임원이 되겠다고 결심한다 치자. 평사원에서 시작해 대기업 임원이 될 확률은 과연 얼마나 될까? 무려 0.83%이다. 이 확률을 뚫고 임원을 달려면 얼마나 똑똑해야 하고 얼마나 조직에 충성해야 하는지 채 가늠도 되지 않는다. 나에게 임원이라는 선택지의 문제는 이뿐만이 아니었다. 바늘구멍을 뚫고 취업해 더 작은 바늘구멍을 뚫고 임원이 된다고 한들 별로 행복하지 않을 것 같았다. 아이에게 "도대체 아빠가 나한테 해준 게 뭐가 있어?"라는 이야기를 들을 것만 같았다. 나의 우선순위는 일보다는 가정이었기에, 임원이라는 선택지는 포기했다.

다행히도 나에겐 주식이라는 옵션이 있었다. 잘되지 않았지만 잘될 거 같은 느낌은 있었다. 느낌만 가지고 뛰어든다면 그것이 로또와 무엇이 다르겠는가. 희망의 끈을 가지고 매일 밤 주식 공부를 하기 시작했다.

직장이 가산에서 마곡으로 이사한다는 소식에 조직 내부가 술렁였던 적이 있다. 갑작스러운 소식에 불만에 차 이사하면 퇴사를 불사한다고들 했다. 지금 생각해 보면, 최고의 승자는 이사에 대비해 마곡에 집을 산 사람들이다. 직장이 이사하면 퇴사해야겠다는 생각은 철저한 직장인의 관점이다. 그러나 대기업이 들어오니 마곡에 집을 사겠다는 결정은 투자자의 관점으로 생각한 것이다. 우리는 직장인이지만 투자자의 관심과 관점을 꼭 가져야 한다. 그래야 월급쟁이 생활에 새로운 활로가 열린다.

월급이라는 포근한 가스라이팅

매달 25일이면 은행 앱의 알림이 울린다.

'급여 입금 500만 원, 잔액 500만 원'

월급이라는 것이 그렇다. 당장 때려치우고 싶은 마음이었어도 잠시나마 힘을 내게 만든다. 카드 결제일이 되기 전까지 그 잠깐의 풍요로운 통장이 노동의 고됨을 조금 잊게 한다. 내가 한 달 동안 뼈 빠지게 일했는데 들어온 돈이 고작 이 정도인가 싶기도 하고, 그나마 이거라도 없으면 어쩌냐 하는 생각이 들기도 한다. 이 와중에 국민연금, 세금, 건강보험… 왜 이리 떼가는 건 많은지. 이 연금이 과연 내 노후를 책임져줄 수 있을까? 불안하다.

'○○ 카드 출금 400만 원, 잔액 100만 원'

카드 결제일 이후 그 힘듦은 곱절이 된다. 대부분 이미 질러놓은 카드 값을 내기 위해 회사에 다니고 그렇기에 그만둘 수 없다. 별다르게 쓴 것도 없는데 카드 값은 왜 이리 많이 나가는지…. 혹시 누군가 내 카드를 복제, 해킹해서 소비를 한 건 아닐까? 직원의 실수로 이중 결제가 된 것은 아닐까? 카드명세서를 펼치고 혹시나 잘못 결제된 것이 있는지 살펴본다. 없다. 모두 내가 쓴 게 맞다. 더 큰 문제는 도무지 줄일 부분이 안 보인다는 점이다.

'아무리 그래도 그렇지…. 못 해 먹겠다'라는 마음에 퇴사를 결심할 때쯤 성과급이 입금된다. 그렇게 월급에 중독되면 사람은 직장에 얽매이게 된다. 월급의 노예가 되는 것이다. 월급의 포근함을 누리되 매이지 않아야 하지만, 보통의 직장인은 이 포근한 사이클에 취해 한 달을 살아간다. 일 이외에는 그 어떤 것도 하고 싶지 않다. 퇴근하고 돌아오면 눕기 바쁘다. 일에 치이고 위에 치여 온종일 시달린 나에게 또 무슨 일을 하게 만드는 게 너무 가혹하게 느껴지기 때문이다.

어떻게 하면 월급의 노예에서 벗어날 수 있을까? 답은 간단하다. 월급보다 많이 버는 새로운 현금흐름을 창출하면 된다. 나는 이런 현금흐름을 투자를 통해 달성했다. 이를 위해 세금 떼기 전인 가짜 월급이 아니라, 세금을 뗀 '진짜 월급'으로 얼마가 들어오는지 정확히 파악할 필요가 있다. 그래야 내 소비와 저축이 통제되고 이것이 투자로 연결될 수 있다. 세후 월급보다 많은 현금흐름이 생긴 그때가 진정으로 월급에서 자유로워지는 시점이다.

직장이 삶의 전부가 된다면

워커홀릭 workaholic

당신이 월급의 포근함에 취하게 되면 나타나는 현상이다. 월급의 노예가 될 뿐 아니라 일의 노예가 된다. 우리는 하루 24시간 중최소 9시간을 직장에서 보낸다. 그리고 취침 시간 7시간을 제외하면 남은 시간은 불과 8시간. 통근 시간을 감안하면 6시간뿐이다. 여기에 야근, 회식에 시달리면 집은 잠만 자는 곳이 된다.

바빠서 야근하는 것은 어쩔 수 없다. 그러나 월급의 노예가 되면 대개 불필요한 야근과 회식을 뿌리치지 못한다. 여전히 일을 잘하고 열심히 하는 것의 척도가 야근이라고 생각하는 상사가 생각보다 많다. 회식을 비즈니스의 연장이라고 생각하는 사람도 많다. 그리고 월급의 노예는 그 불합리에 순종하게 된다.

휴대폰을 만드는 한 대기업을 4년 정도 다녔다. 제조업, 특히 휴대폰은 생산 사이클이 빠르고 출시 일정에 쫓기는 업종이라 야근, 특근이 많다. 대체로 밤 10시 이후에 퇴근했고 주말 중 하루 정도는 특근했다. 몸도 마음도 너무 힘들었지만, 월급날 같이 들어오는 야근·특근비가 은근히 달콤했다. 당시 미혼이었기 때문에 야근·특근비로 생활비를 쓰고 월급을 대부분 주식계좌에 저축했다. 시간이 없으니 소비도 없었고 투자금 만들기엔 좋은 환경이었다. 그러나 그것으로 끝내서는 안 된다는 생각이 들었다. 도무지 10년 후가 그려지지 않았기 때문이다. 이런 생활 패턴이라면 결혼을 못 하는 것은 물론이고, 만약 한다고 해도 이런 남편과 아빠를 누가 좋아하겠는가.

회사생활을 하다 보면 수많은 꼰대를 만난다. 처음부터 그들이 꼰대였을 것이라고는 생각하지 않는다. 승진에 목메고 있는 상태에서 위에서 실적이나 기간 압박이 들어오니 점점 그렇게 변해갔을 것이다. 그들은 심지어 휴가를 써도 회사에 나온다. 이렇듯 집착에 가깝게 회사에 얽매이게 되는 이유는 월급 때문이다. 생활 전반의 모든 것이 직장에 구속되는 현상을 타개하기 위해선 월급의 의존성을 줄여야 했다. 그러기 위해 내가 선택한 방법은 주식이었다. 퇴근 후 새벽까지 항상 주식 공부를 했다. 워라밸Work Life Balance이 아니라 워스밸Work Stock Balance이라고 해야 할까?

투자의 기틀이 잡히고 주식으로 현금흐름이 어느 정도 만들어지자, 난 월급으로부터 조금은 자유로워졌다. 주식 실력도 좀 쌓이면서 공부 시간이 줄어들었다. 월급에서 자유로워지니 생활도 직장 중심에서 가정 중심으로 차차 바뀌었다. 비로소 워라밸이 실현된 것이다. 불필요한 야근을 하지 않게 되었고 회식도 가급적 가지 않으며 육아휴직도 쓰게 되었다.

이직이 해결책이 될 수 있을까?

첫 직장에 들어갔을 때, 내 이름과 당시 다니던 회사의 이름을 혼합하여 구글 아이디를 만들었다. 당시만 하더라도 이직이 그렇게 활발하지 않기도 했고, 임원을 꿈꾸며 회사에 뼈를 묻을 생각으로 그렇게 정했다. 포부와는 달리 4년 후 난 이직을 했고, 이제는 내 것이 아닌 회사의 이름만 민망하게 아이디에 덩그러니 남게 되었다.

요즘 MZ세대 공무원들의 퇴사 러시가 이어지고 있다는 기사를 본 적 있는가? 한때 가장 인기 있었던 직업이 공무원이다. 월급은 적지만 워라밸이 보장되고, 잘리지 않는 고용 안정성을 원하는 이들로 인해 경쟁률이 치솟았다. 그런데 그렇게 힘들게 들어간 공무원 조직에서 그들은 왜 사기업으로 이직을 하려고 할까? 쉽게 말해 '돈' 때문이다. 생각보다 워라밸도 좋지 않고, 월급은 최저임금 수준이니 이럴 바엔 사기업으로 가겠다는 것이다.

근로소득을 높이기 위해 이직하는 것에 나는 찬성한다. 물려받을 것이 많은 금수저가 아니라면, 부의 첫 시작과 발판은 당연히 근로소득이기 때문이다. 그러나 명심해야 할 것이 하나 있다. 근로소득만으론 절대 부자가 될 수 없다. 부자는커녕 내 집 장만도 쉽지 않은 것이 현실이다. 2021년 조선일보 기사에 따르면, 평균 수준으로 벌고 평균 수준으로 쓰는 사람이 서울에서 평균 가격의 아파트를 사려면 62년간 돈을 모아야 한다고 한다. 그야말로 그림의 떡이다. 급여 수준이 높은 곳으로 이직하면 평균 수준 이상으로 벌겠지만, 평균 수준 이상으로 쓸 가능성도 커진다. 돈을 모으려면 평균 수준 이상으로 벌고 평균 수준 이하로 써야 한다. 수입은 늘리되 지출은 줄여야 한다.

나의 경우 제조업에서 통신업으로 이직했다. 급여 수준은 두 회사가 비슷했다. 그런데도 내가 이직한 이유는 공부 시간을 확보하기 위해서였다. 회사에서 일하다 보면 다른 회사와 협업할 일이 많다. 난 휴대폰 제조사에서 근무했기 때문에 협업하는 회사가 주로 통신사였다. 지금은 애플과 삼성의 위상이 엄청나게 높아져서 제조사가 통신사보다 우월적 지위를 갖기도 하지만, 내가 종사했을 당시에는 그런 환경이 아니었다. 통신사로 가면 어느 정도 개인 시간이 확보되리라 생각했고, 운이 좋아 이직에 성공했다.

제조업은 유난히 촉박한 일정에 시달리는 업종이다. 출시 일정에 맞춰 야근과 특근이 일상화된 곳이었다. 물론 수당은 다른 업종 대비 많이 받는 편이었지만, 집에 가면 몸이 너무 힘들었다. 지쳐 쓰러져 자고 일어나면 다시 출근해야 하는 루틴이었다. 이직을 하니 자유 시간이 많이 생겼다. 연봉은 비슷했으나 수당이 줄어 근로소득은 사실상 줄어든 셈이었다. 그러나 확실한 건 시급이 올라갔다.

아르바이트생도 아니고 웬 시급이냐고? 자신의 가치를 높이려는 사람에게는 연봉보단 시급이 중요하다. 연봉이 줄더라도 시급을 높이고, 남은 시간에 더 높은 시급의 효율을 내는 사람이 된다면 그 사람은 시장에서 더 가치 있어지는 것이다.

재테크의 관점에서 이직을 고려하고 있는 사람이라면 '연봉'을 기준으로 삼기보다 '시급'을 기준으로 삼기를 권한다. 시급을 높이고 남는 시간은 자신의 가치를 높이는 데 써야 한다. 난 남는 시간을 투자 공부에 할애했다.

나에겐 가치를 높이는 일이 투자였기 때문이다. 당장의 근로소득은 줄었지만 시간을 투자해 스스로의 가치를 높이려고 노력했다.

승진한다고 달라지는 게 있을까?

승진 공문이 떴다. 열심히 드래그해 봐도… 내 이름은 없었다.

몇 년 전, 난 책임연구원(차장) 진급에서 미끄러졌다. 평가에 따른 누적 고과가 괜찮은 편이라 주변에서도 기대해 볼만 하다고 했다. 하지만 결과적으로 진급에 실패했고 난 주저 없이 육아휴직을 했다. 육아휴직을 마치고 복직한 후, 또다시 몇 번의 승진 시즌을 보냈다. 그 기간에는 누구도 나를 승진 대상으로 여기지 않았고 나 또한 큰 기대를 하지 않았다.

주식시장에서 큰 성공을 거두고 육아휴직을 쓰면서 승진에 대한 기대를 다 내려놓았다고 생각했는데, 마음 한편에 여전히 승진에 대한 잠재적 욕구가 남은 것 같다. 내가 승진하지 못했다는 사실보단 동기나 후배들의 승진을 볼 때 현타가 오는 게 사실이다. 마치 인스타그램 같은 SNS에 올라오는 부자들의 일상을 보며 상대적 박탈감을 느끼는 기분이 이것과 비슷한 게 아닌가 싶다.

승진 시즌에는 모두가 긴장하고 예민해진 상태이다. 그렇지만 그 결과에 따라 인생이라도 망한 것처럼 큰 좌절에 휩싸이는 사람을 보면 잘 이해되지 않는다. 사실 따지고 보면 고과로 인한 임금 상승 차이는 아무리 많아 봐야 월 50만 원도 채 되지 않는다. 승진으로 인한 급여 인상 또한 크지 않다. 연봉이 1,000만 원 오른다고 해도 월 80만 원 수준의 상승이다. 사실 월 50만~80만 원 더 받는다고 해도 대세에 영향은 없다. 높은 고과와 승진이 주는 사회적 인정과 자부심, 직업적 성장과 발전 같은 고차원적인 보상이 있는 것은 사실이다. 하지만 내가 만난 직장인 대부분이 승진을 원하는 이유 중 가장 큰 것이 금전적 이득이었다. 그러나 이로 인한 근로소득 상승은 상단이 닫혀 있다. 상한선이 정해져 있어 한계가 명확하다는 뜻이다. 그러나 투자는 그렇지 않다. 상단이 열려 있다(물론 하단도 열려 있음을 잊지 말자).

임원이 아닌 평사원의 진급이 당신을 부자로 만들 확률은 제로에 가깝다. 임원은 조금 다르다. 임원이 되면 부자가 될 확률이 높아진다. 그러나 100%는 아니다. 임원은 수명이 짧기 때문이다. 매해 많은 임원이 책상을 뺀다. 밑에서 보기엔 날로 먹는 거 같지만, 실적 압박에 시달리는 고충을 가지고 있다. 대기업에서 임원이 될 확률은 0.83%, 100명 중 채 한 명도 임원이 되지 못한다. 본인이 임원이 될 가능성이 있고 투자 실적이 좋지 않다면 이쪽에 승부를 거는 것도 좋다고 본다. 그러나 그렇지 않다면 나처럼 투자를 통해 부를 축적하는 것도 나름 괜찮은 방법이다.

반대로 투자의 틀이 잡히기 전까지는 직장에서도 승진하기 위해 노력하는 것이 좋다. 임원까지 된다면 더 좋고. 일종의 분산투자를 하는 셈이다.

- 2 -

월급만으로 절대 '잘' 살 수 없다

올바른 세상이라면 근로소득만으로 내 집 마련을 꿈꿀 수 있어야 한다. 이렇게 소처럼 일하는데, 내 몸 누일 집 하나 꿈꿀 수 없다는 것이 서글프다. 왜 현실이 이런지 모르겠으나, 그렇다고 손 놓고 보고만 있을 수도 없는 노릇이다.

드라마 〈스토브리그〉에서 꼴찌팀을 강팀으로 변화시키는 단장, 백승수(배우 남궁민)가 극 중에서 이런 말을 했다.

"돈이 없어서 졌다. 과외를 못 해서 대학을 못 갔다. 몸이 아파서 졌다···. 모두가 같은 환경일 수가 없고, 각자 가지고 있는 무기를 가지고 싸우는 건데 핑계 대기 시작하면 똑같은 상황에서 또 집니다. 우리는 오상훈 단장한테 진 게 아니라 우리에게 주어진 상황에 진 겁니다."

혹독한 현실이 아프지만, 주어진 상황을 직시하자. 주어진 상황을 명확하게 알아야 극복할 방법이 생긴다.

결혼과 출산이라는 현실

직장인이 월급의 한계를 체감하는 첫 번째 순간은 결혼이다. 결혼이 주는 유익 중 하나가 바로 이것이다. 월급의 한계를 느끼게 해주기 때문이다. 빨리 결혼한다면 그것을 빨리 느낄 수 있다(인격의 한계도 빨리 느낄 수 있다).

결혼하려면 자가이든 전월세이든 일단 집을 구해야 한다. 먼저 나와 아내의 직장 위치를 고려해서 거주지를 정했다. 나와 아내 모두 양재 근처로 출근하고 있었기에 네이버 지도에서 지하철 노선도를 기준으로 둘 다 출퇴근이 편한 위치를 찾았다. 3호선, 신분당선, 2호선을 중심으로 후보 지역을 선정했다. 나는 부동산에 무지했지만, 강남이 비싸다는 것 정도는 알고 있었다. 강남 지역을 제외하고 선정된 지역은 3호선 경찰병원역, 2호선 서울대입구역, 분당 부근이었다. 그리고 아파트 실거래가를 확인할 수 있는 앱 '호갱노노'를 통해 시세를 확인했다. 본격적인 부동산 상승이 시작되기 전이었는데도 가격은 상당히 당혹스러웠다. 대부분의 직장이 입지 좋은 곳(비싼 곳)에 있으므로 출퇴근을 최우선으로 고려하면 가깝거나 교통이 좋은 비싼 위치의 집을 구할 수밖에 없는 실정이었다.

결혼을 하기 위한 비용은 또 왜 그렇게 많이 드는지. 신혼여행, 예식장, 스튜디오·드레스·메이크업, 혼수 등 돈 들어갈 곳이 엄청 많다. 결혼은 인생에 단 한 번 있는 이벤트라는 극강의 마케팅 포인트로 우리는 호구가 된다.

그리고 두 번째 순간은 출산이다. 아이가 생기게 되면 새로운 인생이 열린다. 그리고 새로운 인생에는 돈이 많이 든다. 영어유치원에도 보내고 싶고 좋은 옷도 입혀주고 싶다. 되도록 유기농 제품을 찾아 먹이게 된다. 월급의 한계가 더욱더 극명해지고 새로운 수익에 대한 갈망은 더 커진다. 난 8살 아들과 6살 딸을 가진 가장이다. 둘째가 5살이 되기 이전까진 하루하루가 전쟁 같은 육아의 연속이었고, 둘째가 5살이 된 작년에야 비로소 삶의 평안이 찾아왔다. 책임과 부담이 함께하지만 행복하다.

부양할 가족이 없는 싱글 남녀는 월급만으로 삶을 영위해 나갈 수 있다. 물론 중간에 잘리거나 크게 아프지 않아야 한다. 그러나 부양가족이 있다면 월급이 빠듯하다. 이 때문에 MZ세대가 결혼과 출산을 포기하는 현상이 벌어진다. 2023년 6월, 신한라이프 조사에 따르면 만 25~39세 남녀의 34.3%가 출산 의사가 없다고 답했다. 출산을 꺼리는 이유로 남성은 과도한 육아·교육 비용을 꼽았고 여성은 일과 육아를 병행하기 어려운 사회 환경을 꼽았다. 그리고 미혼남녀의 40.4%가 결혼 의향이 없다고 답했는데, 가장 큰 이유는 결혼 비용의 증가(남 38%, 여 31%)였다. 저출산과 비혼 모두 가장 큰 이유가 바로 이 망할 놈의 돈 때문이다. 개인의 가치관에 따라 원하지 않아 포기한다면 그 선택은 존중받아야 한다. 그러나 돈 때문에 포기를 강요받아야 한다면 너무 억울한 일이다. 국가적으로도 큰 손실이다. 그들에게 "나라가 어려우니 결혼해서 아이 낳아라"라고 강요할 수는 없지 않은가. 나라의 이익보다 개인의 행복이 더 중요하기 때문이다.

인생을 살면서 가장 크게 '호구가 되었구나'라고 생각한 시점이 두 번 있었는데, 월급의 한계를 느낀 순간과 닿아 있다. 첫 번째는 스튜디오·드레스·메이크업의 줄임말, 결혼식의 '스드메'다. 결혼 준비를 할 때는 보통 큰 고민하지 않고 많은 돈을 지출하며 그 소중한 순간을 담기 위해 웨딩 촬영도 하고 결혼식 영상도 촬영하기 마련이다. 나도 마찬가지였다. 두 번째는 아이의 성장앨범이다. 소중한 아이의 한 컷 한 컷이 너무나 소중해 원본사진을 모두 소유하고 싶어 풀 옵션을 선택했다. 두 경우 모두 결혼과 출산이라는 기념비적인 일에 돈을 아끼지 않는다는 점을 이용하여 막대한 돈을 지불하게 만든다는 공통점이 있다. 그러나 결과는 어떨까? 결혼사진과 아이의 성장앨범 모두 지금까지 열 번을 채 보지 않았다. 부디 결혼과 출산에 합리적 소비를 하길 바란다.

"이때 아니면 언제 이렇게 써봐?"라는 말로 위로 아닌 위로를 해보지만, 소비의 쾌락보다 잔고가 급감할 때 오는 허탈감이 훨씬 크다. 부모의 도움이 없다면 모은 돈을 소진해 제로베이스에서 다시 시작하는 느낌, 아니 마이너스 베이스에서 다시 시작하는 것이 현실이다.

월급보다 빨리 오르는 집값

뭐니 뭐니 해도 결혼하면서 가장 지출이 큰 부분은 주거비용이다. 특히 결혼 전 부모님과 함께 살았던 사람에게는 처음 겪어보는 시련이다. 그래서 나는 이런 과정을 미리 경험하게 해주려 부동산 계약이 있을 때마다 아이와 함께 간다.

"아빠, 우리 왜 이사 가?"
"여기도 너무 좋은 곳이지만, 아빠는 아들이 조금 더 좋은 환경에서 학교에 갔으면 해. 가급적 찻길을 건너지 않았으면 좋겠고, 학원도 가까우면 좋겠어. 맛있는 식당도 많고!"
"우리가 집에 살려면 그 집을 사거나 빌려야 해. 그리고 집을 사거나 빌리는 데에는 돈이 들어. 그래서 아빠가 일도 하고 투자도 하는 거야."

자세히 설명해도 역시나 아들은 큰 관심이 없다. 8살 아들이 이런 과정을 전부 이해하길 바란다면 욕심이다. 그저 이런 경험을 해보게 하고 싶었다. 앞으로도 모든 계약에 아이들과 동행할 예정이다. 미리 하는 체험이자 훈련인 셈이다.

나는 33살에 결혼하면서 주식 수익의 상당액을 신혼집 전세금으로 사용했다. 당시에도 월급 이상의 수익은 거두고 있었기 때문에 넉넉하지는 않아도 제법 모아둔 돈이 있었다. 신혼집으로 낙점된 곳은 분당의 한 작은 평수의 복도식 아파트였다. 아내와 내가 직장에 통근하기 좋은 지역 중, 예산으로 커버되는 곳을 고른 것이다. 전세금 3억 1,500만 원. 전세가율˙은 80%가 넘었던 것으로 기억한다.

살면서 중간에 집주인이 바뀌었다. 새로운 집주인은 우리의 전세보증금을 레버리지 삼아 우리보다 훨씬 적은 돈으로 집을 샀다. 4억 원짜리 집에 난 3억 원을 초과하는 자금을 댔고, 집주인은 1억 원 미만의 자금을 댔다. 돈을 훨씬 더 낸 나는 세입자, 돈을 쥐꼬리만큼 낸 사람은 집주인이 된 셈이다. 그 후 집값이 폭등하자, '부동산에 대해 조금 더 알았다면 좋았을 것…' 하는 후회가 밀려왔다.

◆   전세가율: 주택 매매 가격에 대비한 전세 가격의 비율

투자에서야말로 아는 것이 힘이다. 이 책을 집은 당신은 아마 부동산보다 주식에 관심이 더 많은 사람일 것이다. 주 투자처가 주식인 주식쟁이라고 할지라도 부동산 등 다른 자산에 너무 눈과 귀를 닫지 않길 바란다. 좋은 기회가 왔을 때 놓치지 않으려면 일정 수준의 지식이 필수이기 때문이다.

2023년에 집값이 조정되었음에도, 중위소득 가구가 서울에서 중간 가격대의 집을 사려면, 월급을 단 한 푼도 쓰지 않고 숨만 쉬고 살며 10년 8개월을 모아야 한다. 월급이 수입의 전부라면 월급을 한 푼도 쓰지 않고 살 방법이 없다. 절반을 저축한다고 쳐도 내 집 마련까지 20년이 넘게 걸린다는 이야기다. 나의 경우(현재 거주지는 아니지만) 결혼 후 내 집 마련까지 5년이 걸렸다. 판교의 한 아파트로, 30평대의 국민 평수였다. 잔금 납입 시 대출은 하나도 없었다. 투자 수익이 없었다면 불가능한 일이었다. 아마 부동산에 조금 더 관심이 있었다면 시간은 더 단축되었을 것이다(사실 아이가 태어나기 전까진 집 매수의 필요성을 느끼지 못했다).

아이가 태어나고 성장함에 따라 집을 고르는 우선순위도 바뀐다. 미취학 아동일 때는 지상에 차가 다니지 않는 새 아파트를 선호했고, 초등학교 입학을 앞둔 지금은 '학군'이 집을 선택하는 중요한 요소로 작용한다. 각 기준에 맞게 평수를 늘리며 이동하고 있다. 나와 같은 주식쟁이는 주식을 통해 쌓은 부를 이렇게 부동산으로 이전하는 것도 좋은 방법이다.

집은 다른 자산과는 성격이 좀 다르다. 실생활과 밀접하기 때문이다. 한국 사람들이 집에 매달리는 이유가 그 때문인지도 모르겠다. 그래서 인구는 계속 주는데도, 주요 도시의 집값은 고공행진을 이어가고 있다. 어쨌든 월급만으로 집을 살 수 없는 것이 현실이다. 아무리 레버리지를 당긴다고 해도 많은 현금이 필요하다.

노후, 국민연금만 믿고 있으면 될까?

몇 해 전, 우리 회사는 명예 희망퇴직을 단행했고, 우리 담당 부서에서도 한 분이 나가게 되었다. 오래된 쏘나타를 타고 출근하시던 그분은 퇴직이 확정된 후 벤츠를 몰고 회사에 나타났다. 벤츠는 집에 모셔두고 윗사람 눈치를 보며 일부러 오래된 자동차를 가지고 다녔던 것이다.

《언젠가 잘리고, 회사는 망하고, 우리는 죽는다》는 유튜브 채널 〈무빙워터〉의 운영자, 이동수의 책 제목이다. 그의 말대로 직장인은 언젠가 잘린다. 운이 좋으면 정년퇴직을 하고 운이 나쁘면 더 일찍 잘린다. 회사에 헌신해도 언제 퇴직이 내 목전에 닥칠지 모른다. 당신에게는 퇴직 이후의 계획이 있는가? 혹시 국민연금만 믿고 있는 건 아닌가? 보건복지부 자료에 따르면 개혁이 없는 한 국민연금은 2055년 바닥난다.

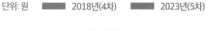

국민연금 재정 고갈 2년 당겨져

단위: 원　■■■ 2018년(4차)　■■■ 2023년(5차)

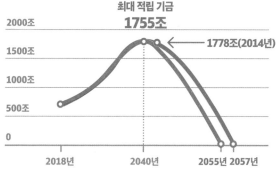

최대 적립 기금
1755조

2000조

1500조　　　　　　　　　　　← 1778조(2014년)

1000조

500조

0

2018년　　　　2040년　　　　2055년 2057년

• 자료 : 보건복지부

2024년 올해 40살인 나는 2055년이면 71살이다. 2021년 기준 한국 남성의 기대수명은 80.6세로, 앞으로의 의료기술 발전을 고려하지 않더라도 약 10년의 공백이 생기는 셈이다. 물론 개혁을 통해 국가가 국민연금이 지속되는 구조를 만들 테지만, 어찌 되었건 지금의 어르신들이 받는 연금구조를 생각해서는 절대로 안 된다.

세계적 추세로 볼 때 노동시장은 더 유연해질 것이다. 그 말인즉슨, 예상보다 더 빨리 직장에서 잘릴 수 있다는 것이다. 노동시장이 유연해질수록 우리의 사고도 함께 유연해져야 한다. 항상 퇴직할 준비를 해야 하고 퇴직 전까지 현금흐름을 만들어놓아야 한다. 나는 주식으로 얻은 수익을 다른 자산이나 투자 방법으로 돌려 현금 흐름을 만드는 데 주력하고 있다. 국민연금은 없는 옵션으로 생각하고 준비한다.

우리에게 너무나도 친숙한 '개미와 베짱이' 이야기를 사례로 들어 이야기해 보자. 베짱이처럼 놀기만 하는 것도 큰 문제지만, 이전과 달리 개미처럼 죽어라 일만 해서는 겨울을 따뜻하게 날 수 없는 세상이 되었다. 일과 더불어 투자도 해야 한다. 국민연금뿐 아니라 개인연금을 포함한 다양한 옵션을 마련해 놓아야 하는 이유다.

3

우리의 꿈이 직장인은 아니었다

꿈과 현실 사이

"제 꿈은 과학자입니다."

학교 다닐 때 장래 희망에 무엇을 썼는지 기억하는가? 나는 초등학생 때 과학자라고 적었다. 아무것도 모르는 초등학생이 가질 수 있는 두루뭉술한 꿈이었다. 이후에는 고등학교에 진학하며 수학 잘하면 이과, 국어 잘하면 문과라는 이상한 기준으로 전형을 선택하고 현실(성적)에 맞춰 대학교와 전공을 선택하게 되었다. 그렇게 난 경희대학교 공대에 입학한 뒤, 대학교 3학년 때 고려대학교 공대로 편입학을 했다.

대학교 1학년, 친구가 주식 투자를 하는 것을 보고 '나에게도 잘 맞을 거 같다'라는 어렴풋한 생각으로 주식에 입문했다. 이런저런 투자의 과정을 거치며, 금융공학을 공부해 보고 싶다는 생각이 들었다. 그게 뒤늦게 처음 생긴 진정한 꿈이었다.

그러나 투자를 통해 이렇다 할 수익을 얻은 적도 없는 내가, 순간의 선택으로 커리어 전체를 바꾼다는 게 망설여졌다. 회사에 다니던 중 카이스트 금융공학 MBA에 합격했지만, 입학을 포기하고 직장생활을 이어갔다. 가능성 없어 보이는 꿈보다 확실한 현실을 선택한 것이다.

다시 꾸는 꿈

김동률의 노래, '황금가면'의 뮤직비디오를 보면 울컥한다. 그동안 수고한 나에 대한 위로와 '다르게 살고싶다'라는 기대가 섞이며 눈물이 흐른다. 그 노래의 가사는 이렇다.

"세상이 정해준 내 역할이 마음에 안 들어 이렇게 맥없이 쓰러져갈 하찮은 내가 아니지.
가슴을 힘껏 젖힌다.
빛바랜 낡은 가면이 잠자던 나를 깨운다. 난 황금가면이다."

돈을 벌기 위해 회사에 다닐 뿐, 직장인이 꿈이었던 사람은 아마 없을 것이다. 그러나 자아실현을 위해 현실 대신 꿈을 선택하기란 쉽지 않다. 부양가족이 있기 때문이다. 혼자 사는 사람도 그 '혼자'를 건사해야 한다. 거룩한 부담감이다. 그 현실을 택한 직장인들은 충분히 박수받아야 한다. 이 같은 현실 속에서 내가 정의하는 경제적 자유는 단순한 조기 은퇴, FIRE Fianancial Indepence Retire Early가 아니라 하고 싶은 일을 할 수 있는 자유이다. 월급으로부터 독립한다면 다시 꿈꿀 수 있지 않을까. 돈에 구애받지 않고 내 꿈을 펼칠 수 있다면 너무 신나지 않을까?

금융공학을 공부하고 싶다는 꿈이 무산되었지만, 그사이 투자 실력도 잔고도 많이 쌓였다. 금융공학이라고 할 만큼 거창하진 않지만 독자적인 시스템 트레이딩도 구축했다. 그런데 같은 기간 직장생활을 하며 만난 여러 고소득자의 금융문맹 상태를 목격하고 충격을 받았다. 그들은 많은 돈을 버는데 왜 다루지를 못할까? 고민한 결과, 국·영·수 공부만 했지 돈 공부를 하지 않는 데서 비롯된 현상이라는 결론에 이르렀다.

거기서부터 새로운 꿈이 싹텄다. 금융문맹인 어른들과 자라나는 아이들에게 건전한 경제교육을 해보고 싶다는 꿈을 꾸게 되었다. 주식 강의를 하려는 게 아니다. 이를 통해 많은 돈을 벌려고 하는 것도 아니다(돈은 투자로 버는 것으로 충분하다). 그저 어떠한 부의 사다리도 가지지 못한 이들에게 도움이 되고 싶다.

투자를 통해 월급보다 훨씬 많은 수익을 얻었음은 물론이고, 그 수익을 기반으로 월급 같은 현금흐름도 만들 수 있게 되었다. 그것에서 그치지 않고 이렇듯 새로운 꿈 또한 꾸게 되었다. 투자가 단순히 인생에서 경제적인 부분만 담당하지 않는다는 것의 방증이다.

꿈꾸게 하는 부의 사이클

투자를 잘한다고 해서 당장 회사를 그만둘 수는 없다. 투자가 항상 이익을 가져다주는 건 아니기 때문이다. 10년 이상 꾸준히 수익을 내온 나에게도 당연히 마음 한구석에 불안감이 있다. 매달 수익이 발생하면 좋겠지만, 매해 두세 달 정도는 손실이 발생한다. 초연하자고 마음먹어도 '계속 벌 수 있을까…?' 하는 불안감이 밀려올 때가 있다.

내 수익을 어렴풋하게나마 아는 동료들은 쉽게 말한다. "김 과장, 월급보다 많이 버는데 회사 뭐 하러 다녀? 때려치워!" 하지만 주식시장에 몸 좀 담아봤던 사람은 알 것이다. 한 해 결산은 플러스 수익으로 마감하더라도, 그 안에서 항상 치열한 전쟁과 전투가 벌어진다는 것을. 전쟁에서 승리하더라도 전투에서 가끔 패배할 때 엄습하는 두려움이 있다는 것을.

월급쟁이의 삶을 지속하게 만드는 속성이기도 한데, 매달 꼬박

순환되지 못하는 프로세스

꼬박 들어오는 돈의 힘은 강력하다. 주식시장도 불확실성을 가장 싫어하지 않나. 인간도 마찬가지다. 투자라는 불확실성이 마음속에 불안을 싹 틔울 때 근로소득이 안정감을 되찾아준다. 그래서 나는 회사를 그만두는 기준을 주식 수익이 아니라, 월급과 같은 정기적인 현금흐름 창출 여부로 두었다.

일반적인 직장인의 현금 프로세스는 '소득 ▶ 소비 ▶ 저축 ▶ 투자'이다. 좀 더 풀어쓰자면, 월급 받아서 쓸 거 쓰고 남은 거 저축하고 목돈이 생기면 투자하는 방식이다. 난 이런 프로세스가 '사이클'로 바뀔 때 월급으로부터 자유로워진다고 믿는다. 사이클은 순환이다. 비유하자면 지하철 1호선은 프로세스이고 2호선은 순환이다. 출발했던 곳으로 다시 돌아온다. 그것이 꼭 월급이 아니어도, 현금흐름이 다시 소득이 되는 사이클을 나는 '부의 사이클'이라고 칭한다.

부의 사이클

많은 재테크 서적이 공통적으로 '내가 아니라 돈이 일하는 시스템'을 만들라고 말한다. 다만 난 이 '돈이 일하는 시스템'에서 불확실성이 높은 투자보다는 월급처럼 꼬박꼬박 들어오는 현금흐름에 초점을 맞추고 있다. 이미 월급의 노예가 되어버린 우리에겐 고정적으로 들어오는 현금이 필요하다. 그래야 가족 구성원들이 안정감을 느낀다.

'내가 일해서 버는 돈'보다 '돈이 일해서 버는 돈'이 많아지면 그것이 경제적 자유이다. 경제적 자유에 이르렀을 때 내가 원하는 일을 할 수 있고, 그 원하는 일로 월급과 같은 현금흐름을 만들어 낼 수 있다면 베스트이다.

하지만 이 사이클의 핵심은 바로 투자이다. 각 사이클의 단계별로 현금흐름을 늘리기 위한 방법은 아래와 같다.

1. 근로소득 늘리기
2. 소비액 줄이기
3. 저축액 늘리기
4. 투자수익 늘리기

유념할 점은 모든 구간을 진지하게 대해야 한다는 것이다. 난 돈을 다루는 태도가 가장 중요하다고 믿는 사람이다. 어느 한 구간이라도 가볍게 여기면 그 돈은 언젠가 흩어진다. 각 단계를 조금 더 자세히 설명하자면 다음과 같다.

첫 번째, 근로소득 늘리기. 우리는 근로소득을 늘리기 위해 회사에서 열심히 일한다. 일한 대가로 급여를 받고 스트레스도 받는다. 이를 하찮게 여기지 말길 바란다. 매월 예정대로 들어오는 돈의 힘은 강하다. 모든 것의 기반이 된다. 직장에서의 성실은 곧 돈을 다루는 성실로 이어진다.

두 번째와 세 번째인 소비액과 저축액은 상충관계Trade off를 가진다. 소비를 줄이면 저축액이 늘고 소비를 늘리면 저축액이 준다. 한때 '인생은 한 번뿐이다!'를 외치는 욜로와 부나 귀중품을 과시하는 플렉스Flex가 유행이더니, 이제는 서로의 소비생활을 공유하며 짠테크를 실천하는 카카오톡 '거지방'이 유행이라고 한다. 그러나 이런 극단적인 소비패턴은 돈 모으는 데 썩 좋은 태도가 아니다. 꼭 필요한 건 사되 자금 사정에 맞게 큰 소비를 통제해야 한다. 특히 오마카세, 과도한 해외여행, 카푸어 등 인스타를 통해 남에게 과시하기 위한 소비는 지양해야 한다.

소비를 줄이면 저축은 당연히 늘어난다. 여기서부터는 저축을 어떤 식으로 할 것인가가 중요하다. 정기예금이나 적금에 저축을 몰빵한다면 물가상승률보다 적은 이율로 인해 실제로는 돈이 줄어든다. 그리고 대부분의 재테크 책에서 권하는 목적에 맞는 '통장 쪼개기'도 다시 생각해 보아야 한다. 이것은 저축이라고 이름이 붙었으나 철저히 소비에 초점을 맞춘 전략이기 때문이다. 예를 들어 많은 사람이 여행통장을 만든다. 이 통장에 입금되는 돈이 하늘에서 갑자기 떨어지는 것도 아닐뿐더러 이런 통장으로 모은 돈은 오히려 쉽게 쓴다. 마치 공돈 같은 느낌이랄까. 모임 통장도 마찬가지다. "우리 모은 돈도 많은데 비싼 거, 맛있는 거 먹자" 같은 말을 하며 목적과 관계없이 쉽게 쓰게 된다. 최소한 물가상승률 이상의 이율로 돈을 굴려야 자산이 증식되며, 이것이 투자로 연결된다.

네 번째 투자수익 늘리기. 나는 '저축 = 투자'의 관점을 가지고 있다. 투자는 적극적인 저축이다. 나이가 어릴수록, 돈이 없을수록 이와 같은 관점을 가져야 한다고 생각한다. 난 주식계좌로 저축했고 이를 통해 자연스럽게 시드를 증식했다. 물론 원금손실의 위험이 있다. 그러나 이것도 나의 실력 증진을 위한 일종의 투자다.

근로소득 늘리기, 저축액 늘리기, 소비액 줄이기 모두 한계가 있다. 내가 죽도록 회사에서 몸 바쳐 일한다고 해서 월급이 기하급수적으로 늘지 않는다. 퇴근 후 아르바이트하는 것도 마찬가지다. 근로소득이 고정된 상태에서 저축액의 상단은 월급이다. 하지만 투자로 인한 소득에는 상한이 없다. 근로소득(월급) 100만 원이 소득의 전부라고 가정해 보자. 내가 한 달 동안 저축 가능한 최고액은 월급인 100만 원이다. 이마저도 한 푼도 쓰지 않았을 때(소비액 0원) 가능하다. 하지만 투자는 다르다. 월급을 가지고 투자를 통해 얻을 수 있는 자본소득에는 한계가 없다. 100만 원 가지고 1,000만 원을 만들 수 있고 1억 원도 만들 수 있다.

소위 직장인이 퀀텀점프Quantum Jump를 할 수 있는 유일한 방법이 투자이다. 그렇지만 각 단계를 무시하진 말자. 돈을 대하는 태도는 그 단계들을 거치며 완성되기 때문이다.

나는 주식으로 월급 두 번 받는다

2장

직장인 투자의 현실

– 1 –
직장인, 오히려 투자에 유리하다

해본 적이 없어서 어려울 뿐이다

직장동료와 가끔 이런 대화를 나눈다.

"최 대리는 돈 관리 어떻게 해?"

"아 저는 엄마가 해주세요."

"아… 그래? 엄마가 어떻게 관리해 주시는데?"

"몰라요. 저는 그런 거 잘 몰라서요… 결혼할 때 주시겠죠, 뭐."

내가 직장인이기에, 만나는 사람의 대부분도 직장인이다. 직종과 업무는 달라도 공통점이 하나 있다. 얼마나 좋은 대학을 졸업하고 어떤 대기업에 다니든 돈을 잘 관리하는 사람이 생각보다 드물다는 것이다.

한국은 예전부터 의대 열풍이 거셌다. 의대를 가기 위해 재수는 물론이거니와 N수를 마다하지 않는다. 2023년 수능 응시자 중 1/3이 N수생이다. 고등학생은 내신이 떨어지면 자퇴도 불사한다. 고등학교 1학년에 자퇴하고 검정고시를 보고 2학년 때 수능을 본다. 부모들은 아이가 한글도 떼기 전에 영어유치원에 보낸다. 유치원생의 사교육비가 월 150만 원이 넘어가도 마다하지 않는다. 모두 의대에 보내기 위해서다. '초등 의대반 모집'이라는 믿기 힘든 플래카드도 학원가에서 심심치 않게 볼 수 있다.

학교 공부보다 돈 공부가 중요하다고 말하는 나조차도 아이가 돌잡이 할 때 청진기나 의사봉을 잡길 은근히 기대한 것이 사실이다 (자리 배치 때문인지 실제로 잡았다). 의대에 가고 싶은 이유, 전문직을 가지거나 대기업에 취직하고 싶은 이유가 무엇일까? 생명을 살리고 싶고 국가 경제에 이바지하고 싶은 마음으로는 이런 쏠림 현상이 쉽게 설명되지 않는다. 답은 심플하다. 돈을 많이 버는 고소득자가 되고 싶어서다. 그런데 많은 소득이 부자의 필요 충분 조건은 아니다.

직장인들이 사용하는 익명 커뮤니티, 블라인드라는 앱을 자주 본다. '3억이 있는데 어떻게 하죠?' 같은 질문을 심심치 않게 볼 수 있다. 열심히 노력해 좋은 직장에 들어가고 많은 돈을 벌게 되었는데, 이 돈을 도무지 어떻게 다루어야 할지 모른다. 배운 적이 없기 때문이다. 가정에서도 학교에서도 돈에 관해 가르쳐 주지 않는다. 많이 버는 것이 부자로 가는 출발점이 되는 것은 분명하다. 그러나 그것은 시작일 뿐이다. 돈은 버는 것보다 잘 사용, 관리하고 불리는 일이 훨씬 중요하다.

2018년 방영된 JTBC 드라마 〈스카이캐슬〉은 우리나라 교육 환경 실태를 잘 보여준 드라마이다. 이 드라마에서 많은 사람이 공감한 명대사가 있다.

최상위권 입시 코디네이터, 김주영(배우 김서형)은 이렇게 말한다.

"내가 합격시켜 줄 테니까 얌전히, 조용히, 가만히 있어, 죽은 듯이"

그리고 의사로 출연한 강준상(배우 정준호)은 이렇게 말한다.

"내일모레 쉰이 되도록 어떻게 살아야 하는지도 모르는 놈을 만들어놨잖아요… 어머니가!"

획일화된 주입식 교육. A부터 Z까지 부모가 설계한 판 안에서 아이는 짜여진 각본 속 배우처럼 움직인다. 그렇게 자란 아이는 나이 쉰이 되도록 세상을 어떻게 살아야 하는지 모르는 사람이 된다.

다 큰 성인의 돈을 부모가 관리하는 어처구니없는 일이 생각보다 많이 일어난다. 이런 사태를 방지하기 위해 중요한 것이 경제, 돈 공부이다. 아이의 불확실한 미래를 견디지 못하는 부모의 불안으로 초등학생을 의대반으로 보낼 것이 아니라, 아이가 원하는 직업을 가지되 홀로 설 수 있도록 금융 머리를 키워주는 것이 현명한 선택이 아닐까. 어릴 때 그러지 못했더라도 직장인이 되었다면 반드시 돈 공부를 시작해야 한다. 입시를 치르고 취준을 하듯이 공부해야 한다. 그렇게 한다면 반드시 성공할 것이다.

여기서 돈 공부를 강조하는 이유는 단순히 돈을 많이 벌어 윤택한 삶을 누리라는 1차원적인 뜻이 아니다. 돈을 이유로 선택을 강요받는 상황이 발생하는 것이 안타깝기 때문이다. 돈 때문에 원치 않는 직업을 선택하고 결혼과 출산을 포기하는 것을 주변에서나 각종 통계로 쉽게 확인할 수 있다. 돈은 사랑이나 증오의 대상이 아니라 잘 써야 하는 대상이다. 돈을 잘 굴려서 내가 원하는 것을 포기하지 않는 인생을 찾아 나가보자.

월급이라는 안전마진을 놓치지 마라

스노우폭스의 창업자 김승호 회장은 책 《돈의 속성》에서 일정하게 들어오는 돈의 힘을 이렇게 설명했다.

"수입이 일정하게 발생한다는 건 그 수입의 질이 비정규적인 수입보다 좋다는 뜻이다. 질이 좋은 돈은 다른 돈을 잘 불러 모으고 서로 붙어 있어도 흩어지지 않는다. 비정규적인 돈보다 힘이 강해 실제 액면가치와 상관없이 잠재 가치 척도 주가수익률(PER)이 높다. (……) 규칙적인 수입의 가장 큰 장점은 미래 예측이 가능해진다는 점이다. 미래 예측이 가능하다는 말은 금융자산의 가장 큰 적인 리스크를 제어할 수 있다는 뜻이다."

난 19살에 주식시장에 입문했다. 대학원에 진학했을 때, 박사과정 형들의 눈치를 피해 직접투자를 줄이고 간접투자에 열을 올렸던 2년을 제외하면 항상 시장과 함께했다. 지금 40살이니 투자를 시작한 지 벌써 20년이 흘렀는데, 그동안 소위 말하는 깡통을 차본 적이 없다. 깡통 근처에도 가본 적이 없다. 내가 항상 시장과 함께하며 퇴출되지 않고 버틴 원동력은 다름 아닌 근로소득이다. 아르바이트비, 장학금, 월급으로 생활을 영위했고 일정부분 계속 투자에 투입하여 경험을 쌓았다.

전업투자자는 말 그대로 투자가 직업이 된 사람들이다. 상사에게 깨질 일도 없고 출퇴근에서 벗어나 자유로운 생활이 가능할 것 같아 부럽겠지만, 전업투자자의 생활이 그렇게 호락호락한 것은 아니다. 전업투자자는 매달 수익을 내서 이를 생활비로 써야 한다. 주식투자를 통해 수익이 충분히 발생한다면 아무 문제가 없겠지만, 매달 일정 이상의 수익을 꾸준히 내는 것은 절대 쉬운 일이 아니다. 주식투자 수익이 나지 않은 상황에서는 투자원금이 생활비에 투입된다. 이때 느끼는 심리적 압박감은 상상을 초월한다. 그래서 조급해진 마음에 손실을 만회하기 위해 무리한 베팅을 한다. 이런 흐름으로 깡통을 찬다. 투자 실패의 케이스는 보통 하나의 종목에 올인해 그 회사가 부도가 나거나 레버리지를 과도하게 쓰는 경우다. 그 이외에는 깡통을 내려고 해도 낼 수가 없다.

이런 불확실성 때문에 가정 내 불화가 발생하기도 한다. 배우자에게 주식 성과에 대해 매일 알려주지 않기 때문에 이번 달이 수익 중인지 손실 중인지 배우자는 알 수가 없다. 하지만 이번 달 손실이 내 머릿속을 스치면 절로 대답이 날카로워진다. 알려주지도 않은 내 잔고 상황을 몰라주는 그가 야속하다. 잔고가 늘어나도 시원찮은데 손실에 생활비까지 머리가 점점 아프다.

휴직 기간 전업투자자의 삶을 간접 경험했다. 재직 중에는 월급은 모두 아내에게 주고 투자금을 내가 관리했다. 그러나 휴직 기간에는 따로 월급이 없기 때문에 생활비를 투자 수익에서 줘야 했다. 반드시 수익을 내야 한다는 부담감이 생기자 손절이 어려워졌고, 하지 말아야 할 종목에 손이 나가는 경험을 했다.

주식은 심리 게임이다. 직장인은 월급이라는 안전마진이 있다. 생활비는 월급으로 충당하며 일정 부분 투자원금을 투입할 여력도 생긴다. 실력을 키우기 위해 연습할 수 있는 시간을 벌어준다. 심리 게임에서 지지 않을 수 있게 도와주는 것이 바로 월급이다. 소비가 월급을 초과하지만 않는다면 손실은 날지언정 인출은 없다. 심리를 통제할 수 있다는 것은 주식시장에서 최소한 퇴출은 되지 않는다는 뜻이다. 그리고 그 시간을 이겨내면 수익이 난다.

대출을 활용하라

직장인은 신용대출이 수월하다. 담보대출의 경우에도 직장의 유무가 한도나 이율에 영향을 미친다. 직장인의 신용대출은 개인의 신용도 있지만, 기본적으로 회사와 월급에 대한 신용이다. 실제로 월급이 똑같은 상태에서는 회사의 신용등급이 높으면 한도가 높아지고 이자가 낮아진다. 아무리 본인의 신용점수가 높더라도 회사를 그만두는 순간 신용대출은 나오지 않는다. 퇴사하는 순간 신용점수도 떨어진다.

신용대출 이야기를 꺼낸 건, 무리하게 빚내서 투자하라는 이야기가 아니다. 주식이건 부동산이건 투자할 때 현금관리는 굉장히 중요하다. 그리고 적절한 신용대출은 이 현금관리를 용이하게 한다. 신용대출과 별개로 일부 회사에서는 직원에게 무이자 또는 저리로 대출을 해준다. 나 또한 직장에서 7,000만 원의 대출을 연 1%로 받았다. 이건 저축과 다름없다. CMA 금리도 3%가 넘기 때문에 무위험으로 2%의 차익이 발생한다.

"과장님, 투자금이 부족한데… 대출 좀 받아도 될까요?" 조급한 직장 동료가 물으면 나는 이렇게 대답한다. "회사 대출은 무조건 받고, 나머진 이자 대비 훨씬 큰 수익을 올릴 수 있다고 확신하면 그렇게 해도 돼. 다만 확신이지 자신은 아니야."

확신은 어디에서 나올까? 상승장, 하락장, 횡보장을 다 겪어보고 하락장이라고 할지라도 그동안 거래 내역이 이자 이상의 수익을 증명해 냈을 때 생긴다. 단지 막연한 느낌이 아니다. 그런 확신이 생긴 뒤라도 이자를 충분히 감당할 수 있을 정도의 현금흐름이 있어야 한다. 이런 것들이 준비되지 않은 상태에서 그저 '느낌적인 느낌'으로 대출을 받아서 투자하면 어떤 일이 벌어질까? 때마침 하락장을 맞게 되면 부동산에선 역전세가 되고 주식에선 반대매매가 된다.

한국부동산원에 따르면, 2030세대의 부동산 매입 비중은 집값이 오르기 시작한 2020년 29.2%로 올랐고, 2021년에는 30%를 돌파했다. 이는 집값과 전세금이 폭등하자 무주택 2030세대들이 포모FOMO, Fear Of Missing Out로 패닉 바잉한 물량들이다. 저금리로 인해 모든 자산이 폭등한 시점이었고 이 정도 이자는 감당할 수 있다고 섣부르게 판단한 셈이다. 그러나 2022년 금리가 급등하면서 대출

이자 부담이 커지고 집값이 하락 전환하였다. 엎친 데 덮친 격이다. 레버리지를 일으켰는데 이자를 초과하는 소득은커녕 손실만 커진다. 주택가격 상승기에는 매달 나가는 원리금이 아깝지 않지만, 하락기에 원리금까지 꼬박꼬박 나가면 이른바 멘탈이 나간다.

투자가 아니라 소비를 위해 대출을 받는 경우는 최악이다. 가장 대표적인 경우가 자동차를 살 때 캐피탈을 끼고 사는 것이다. 네이버에서 자동차를 자산으로 잡아준다고 진짜 이것이 자산이라고 생각하는 사람이 있는데, 자동차 자체가 잠재적 부채 덩어리다. 매일경제의 기사, 'G80에 좀 더 보태 수입차를?…동급차종 5개 유지비까지 비교해 보니.'(2023년 5월 24일)에 따르면 차량 10년 유지비로 현대 G80은 8,000만 원 BMW 5시리즈는 1억 원이 든다. 그사이 감가상각으로 인해 차의 값은 똥값이 된다. 부채를 부채로 사는 셈이다.

정리하자면 빚은 자산을 사는 데 사용하되, 이자보다 높은 수익을 낼 수 있을 때만 사용해야 한다. 하지만 한 가지 명심해야 할 것은, 과도한 레버리지 사용이 깡통을 유발할 수 있다는 점이다.

소비의 즐거움 vs. 투자의 즐거움

난 투자가 참 재밌다. 투자를 오래 지속할 수 있었던 이유도 내가 재미를 느껴서인 것 같다. 화장실 한편에 앉아 새로고침 버튼을 눌러보며 주도주의 움직임을 보는 게 너무 흥미롭다. '그냥 숫자만 움직이는데 왜 이렇게 재밌지? 색깔이 들어가서 그런가?' 지금도 미스터리다. 수익이 나서 재밌는 거 아니냐고 되물을 수 있지만, 오히려 반대다. 내 주식 경력 20년 중 절반은 수익을 내지 못했지만, 그때가 재미는 더 있었다. 모든 일이 그러하듯이 기대감이 있어야 재미가 느껴지기 때문이다. 그때는 기대감이 큰 시기였다면 지금은 기대감이 현실이 되어 때론 투자가 마치 일처럼 느껴지기도 한다.

직장인에게는 월요병이 있다. 휴일이 끝나고 평일이 시작되면서 극심한 피로감, 무기력함 등을 느끼는 질병이다. 한때 〈개그콘서트〉 엔딩 음악에 월요병이 극대화된다는 이야기에 모두가 공감했다. 그런데 주식을 시작하면 월요병이 좀 사라진다. 주식을 하는 사람은 모두 알 것이다. 회사에 가기는 싫지만, 주식 장이 열리니 나쁘지만은 않은 기분. 어쩌면 회사를 다닐 수 있는 동기부여가 되는 셈이다. 마치 게임 같은 주식의 즐거움에 빠졌을 수도 있고 투자의 즐거움을 느낀 것일 수도 있다. 로또 추첨을 기다리는 기분일지도 모르겠다. 다행히 주식은 로또보다 확률이 훨씬 높다. 눈감고 찍어도 오르거나 내리거나 둘 중 하나이다.

투자에 제대로 발을 들이면, 투자의 즐거움이 소비의 즐거움을 이긴다. 우리는 부모로부터 혹은 자산 관리 전문가로부터 소비를 줄이고 저축을 늘리라는 말을 귀가 따갑게 듣는다. 그런데 왜 이것이 어려울까? 소비를 줄이고 저축을 늘리는 것이 효용이 없다고 느끼기 때문이다. 집값은 눈 감았다 뜨면 억 단위로 뛰는데, 내가 비싼 밥 한 끼 참는 게 대세에 영향을 주지 않는다는 생각이 드는 것이다. 그러나 여기서 눈을 저축이 아닌 투자로 돌린다면 생각이 달라진다. 상방이 열린다. 소비를 줄이기가 쉬워진다. 소비의 기쁨은 시간이 지남에 따라 줄어들지만, 투자의 즐거움은 시간이 지나면 더 커진다. 당장 아반떼를 사는 소비의 즐거움보다 투자를 통해 그랜저를 꿈꾸는 것이 훨씬 즐겁다.

사회생활을 시작하면서 첫 차로 아반떼를 살까 고민했던 적이 있었다. 직접 눈으로 확인하자 싶어, 당시 내 시드 대비 목표수익률을 기반으로 10년, 20년 후 내 자금이 얼마나 있을지 계산해 봤다. 그리고 아반떼를 샀을 경우 목표수익률 기반 자금 예상 추이를 그려봤다. 물론 목표수익률에는 나의 희망을 듬뿍 담았다. 결과를 눈으로 보자 생각이 바뀌었다. 지금 당장 아반떼를 사면 내 시드의 상당 부분이 없어질뿐더러 복리의 마법으로 인해 자금이 모이는 시기가 매우 늦어짐을 확인했다. 그래서 아반떼를 참고 훗날 제네시스 쿠페를 사는 것을 꿈꾸며 고민을 마감했다. 이후에도 큰 소비를 해야 할 일이 생기면 이러한 방식으로 소비를 미루기도 했다.

간혹 한정판 상품을 모으거나 레고나 미니카 같은 키덜트 장난

감을 사면서 이것도 투자의 일종이며, 나중에 프리미엄을 붙여 팔면 돈이 된다고 하는 사람들이 있다. 하지만 팔지 않으리란 것을 당사자도 안다.

돈이 불어가는 즐거움을 맛보면 소비가 줄어든다. 돈이 금방 모인다. 투자가 당장 성공하지 않는다고 하더라도 우선순위가 바뀌어 계좌는 우상향한다. 사치가 당신이 부자로 '보이게' 만들 수 있을지 모르지만, 실제론 당신을 빈자로 만든다. 부자로 보이는 삶보단 실제로 부자가 되는 삶을 선택하자. 다른 사람에게 자기가 부자인 것처럼 보이게 하는 각종 명품이나 슈퍼카를 자랑하는 사람이 있다면 거리를 두기를 권한다. 과시형 소비를 하는 사람은 낮은 자존감을 소비로 채우고 있는 경우가 많다. 물론 그 사람이 정말 부자일 수도 있지만, 아닐 가능성이 아주 크다.

- 2 -
직장인, 주식투자를 해야 한다

주식이어야 하는 이유

접근성이 높아 일반인도 할 수 있는 투자는 크게 3가지로 나뉜다. 주식, 부동산, 코인.

내가 주식을 처음 시작한 해는 제17회 한국/일본 월드컵이 열린 2002년이다. 당시에는 코인이 없어서 내가 선택할 수 있는 투자처는 주식과 부동산이었다. 당시 대학교 1학년이던 학생에게 무슨 돈이 있겠는가. 학창 시절 차곡차곡 모은 용돈 400만 원이 시드였다. 대출에 대한 개념도 없었기 때문에 사실 유일하게 선택 가능한 투자처가 주식이었다. 이처럼 주식은 소액으로 얼마든지 시작할 수 있다. 오히려 소액으로 시작하는 것을 더 추천한다.

투자를 시작한 이후 부동산이나 코인에 투자할 기회가 없지 않았다. 코인의 경우 비트코인의 존재를 빨리 안 편이었으며, 부동산 또한 내가 결혼하던 해가 마침 갭 투자하기 좋은 해였다. 그러나 편협한 나의 시야 때문에 그 기회들을 놓쳤다. 부디 현명한 독자들은 선입견에 막혀 기회를 잃어버리는 우를 범하지 않길 바란다. 그리고 아이들이 있다면 그들에게 다양한 경험을 시켜주자. 경험이 있어야 손이 나가기 때문이다.

사실 투자자의 성향에 따라 맞는 투자처가 따로 있다. 난 무엇보다 '환금성'을 중요하게 생각한다. 환금성이란 투자 자산의 가치를 현금화할 수 있는 성질을 뜻한다. 주식은 원할 때 언제든 클릭 한 번으로 현금화할 수 있다. 언제나 매수자가 호가창에 줄을 서 있기 때문이다. 그래서 난 주식을 매매할 때도 거래대금이 큰 종목 위주로 매매한다. 또한 주식은 세금, 수수료도 부동산에 비하면 훨씬 적다.

참고로 주식시장의 수수료는 증권사에 내는 위탁수수료와 증권거래소, 증권예탁원 등 유관기간에 내는 유관기관 제비용이 있다. 세금으로 주식을 매도할 때는 증권거래세, 농특세 등으로 0.18%를 지불한다. 수수료의 경우는 증권사의 이벤트를 이용하거나 증권사와의 협의를 통해 절감할 수 있다. 보통 0.015%의 수수료를 내고 있다.

결혼 후 부동산 투자를 고민해 보기도 했지만, 투자의 효율을 극대화하기 위해서는 몸테크[◆]를 해야 하는 게 마음에 걸렸다. 가족들을 고생시키는 게 싫었다. 주식은 나 혼자만 고생하면 된다(물론 투자를 위한 공부 시간을 확보하기 위해선 배우자의 동의를 얻어내는 것이 꼭 필요하다).

부동산에 비해 주식투자는 개인이나 사회에 주는 유익이 크다고 생각한다. 먼저 개인의 유익을 따져보자면, 사회 전반에 대한 이해도가 높아진다. 주식은 부동산이나 코인에 비해 사회의 전반적인 이슈를 알아야 한다. 어떤 분야든 그것과 관련된 주식이 있기 때문이다. 투자를 지속하면 신문이 재밌어진다. 모든 정보에 내 돈이 걸려 있는데 지루할 리 없다. 예전에는 연예, 스포츠면만 간신히 보던 내가 지금은 신문을 2개나 보게 된 이유다.

분야를 막론한 사회적 현상에 관심이 생겨 정치, 경제, 사회, 문화 모든 분야에 있어 얕지만 넓은 지적인 대화를 할 수 있게 된다. 회사 생활에도 도움이 된다. 주식시장은 우리가 다니는 회사보다 소식이 빠르다. 모든 분야의 가장 빠른 정보가 시장에 돌기에 그것을 공부하며 세상을 알 수 있고 어느 순간 트렌디한 지식인이 된다.

그렇다면 사회의 유익은 무엇일까? 기업은 투자할 수 있는 자금

◆ 몸테크: 노후 아파트에서 재개발·재건축을 노리고 거주하는 재테크 방식

을 모을 수 있고 이를 통해 고용을 창출해 낼 수 있다. 나 같은 직장인도 그 일련의 과정을 통해 고용된 것이다. 단기투자는 경제나 사회에 도움이 되지 않는다는 반론이 있을 수 있다. 맞는 얘기다. 그러나 단기투자자는 세금을 엄청 많이 내는 것으로 제나름의 도움이 된다.

장기투자 vs. 단기투자

주식의 보유 기간을 기준으로 투자 유형을 크게 3가지로 나눌 수 있다. 장기투자자, 중기투자자, 단기투자자가 그것이다. 보통 장기투자는 최소 몇 년에서 최대 몇십 년까지의 기간 동안 보유하는 투자를 말하며 중기투자는 며칠에서 몇 개월 정도의 투자를 말한다. 단기투자는 몇 초(초단타)에서 며칠 정도의 투자이다. 나는 국내시장에서 주로 단기투자와 중기투자를 병행하며 미국시장에서는 장기투자를 하는 투자자 유형이다.

일반적으로 사람들은 각각 장투, 스윙, 단타라는 약어로 투자 기간을 표현한다. 장투는 투자의 고상한 면모를 상기시키는 데 반해 단타는 타짜의 느낌을 떠올리게 한다. 장투는 안정적이고 신중한 느낌을 주는데 단타는 투기적이고 도박적인 느낌을 준다. 나도 고상한 투자를 하고 싶었다. 사회적 시선이 있기 때문이다. 하지만 본질적인 질문을 던져보고 싶다.

"주식투자 왜 하세요?"

개인이 주식투자를 하는 이유는 무엇일까? 그 투자의 형태가 어찌 되었건 모든 투자자는 수익을 내기 위해 투자를 한다. 심플하게 말해서 '돈 벌고 싶어서'이다. 어떤 방법이든 자기에게 잘 맞고 수익을 낼 수 있는 투자 방법으로 돈을 벌면 그것이 맞는 투자이다. 중요한 것은 '자신만의 기준'이며 그 기준으로 수익을 낼 수 있느냐이다. 당연히 그 과정 중에 불법적인 요소는 없어야 한다.

오전 9시, 주식시장이 가장 활발할 시간, 회사 업무도 가장 활발하다. 부장님은 매너도 없이 항상 9시에 회의를 잡는다. 이러한 시간적, 상황적 한계 때문에 많은 직장인이 장기투자, 우량주 투자를 한다.

그러나 과연 그것이 진정한 의미의 장기투자인가? 보다 정확히 말하자면, 대부분의 직장인 투자자가 장기투자를 빙자한 '방치투자'를 하고 있다고 생각한다. 좋은 주식과 좋은 회사는 엄연히 다르다. 내 포트폴리오 안에서 좋은 주식이 되려면 일단 최대한 '싸게 사야' 한다. 그런데 내가 만나본 대부분의 직장인 투자자는 좋은 회사 주식을 사기는 하는데, 싸게 살 줄 모른다. 삼성전자는 부정할 수 없는 좋은 회사이다. 그러나 5만전자는 좋은 주식이지만 9만전자는 나쁜 주식이다.

투자 수순은 뻔하다. 좋은 종목을 나쁜 주가일 때 사면 물리게 되고, 좋은 회사라는 평계로 비자발적 장기투자를 하게 된다. 장기투기라는 말을 사용하지는 않지만, 아무런 기준 없이 장기로 주식을 매수하고 내버려 두었다면 그것은 투기이다. 반대로 기준을 가지고 단기매매를 했다면 그것은 투자가 아닐까?

난 국내 주식으로는 장기투자를 하지 않는다. 이유는 3가지다.

1. 국내 주식은 유행을 많이 탄다.
2. 돈이 들어갈 곳이 많다.
3. 월급 같은 투자에 적합하지 않다.

하나씩 살펴보자. 첫째, 국내 주식은 유행을 너무 많이 탄다. 2000년 초 IT버블, 2004년 조선, 기계, 철강 등 중국 인프라 관련주, 2010년 7공주(LG화학, 기아차, 삼성전기, 제일모직, 하이닉스, 삼성SDI, 삼성테크윈), 2009년 차화정(자동차, 화학, 정유), 2020년 BBIG(바이오, 배터리, 인터넷, 게임), 2022년 태조이방원(태양광, 조선, 이차전지, 방산, 원자력) 등 신조어를 만들어내며 유행을 부추긴다. 주도주로 나섰던 종목들이 언제 그랬냐는 듯 긴 시간 침체를 맞이했다. 유행을 많이 탄다는 것은 단기투자 관점에서는 장점이다. 그 종목의 원래 가치보다 슈팅이 나오고 그 구간에서 매매할 기회가 생기기 때문이다. 그렇다면 장투에서는 왜 단점일까? 주도주였던 우량주를 장기투자 했다면 어땠을지 다소 극단적인 관점에서 살펴보도록 하겠다.

사례 1 │ 포스코홀딩스

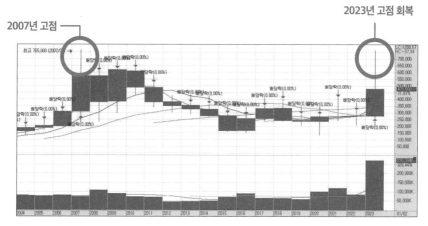

POSCO홀딩스 연봉

과거에는 'POSCO'였던 'POSCO홀딩스'의 연봉차트이다. 수정주가가 적용되어 있다. 2007년은 철강과 조선이 주도주였다. POSCO가 시가총액 2위, 현대중공업이 시가총액 3위를 기록하던 때이다. POSCO는 2007년 당시 최고가 765,000원을 기록한 후 2008년 234,500원까지 무려 70% 가까이 하락했었고 2009년 큰 폭의 반등을 보였으나 2015년 급기야 161,500원까지 하락했다. 이후 2차전지 열풍이 분 2023년에서야 겨우 고점을 회복했다. 고점 회복까지 무려 16년이 걸렸고 최대 하락폭이 80%에 육박한다. 이 시간을 의연하게 견딜 자신이 있는가?

사례 2 | 삼성중공업

현대중공업을 사례로 들고 싶었으나, 기업분할 등으로 가격 추정이 어려워 삼성중공업의 사례를 보겠다. 현대중공업도 이와 대동소이한 흐름을 보였다.

삼성중공업은 2007년 1월 41,350원을 고점으로 이후 2020년 2,897원까지 떨어졌다가 2023년 7월 8,830원을 기록 중이다. 최대 93%의 하락을 기록했고 16년이 지난 지금도 고점 근처에도 가지 못하고 있다.

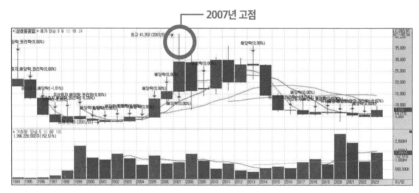

삼성중공업 연봉

이밖에 시가총액 상위 종목을 기준으로 차트를 한번 돌려보길 바란다. 한때 주도주였던 셀트리온, 현대차, 카카오, 네이버, 위메이드, 아모레퍼시픽, LG생활건강 등은 꼭 보길 바란다. 장기투자에 대한 환상에서 벗어날 수 있을 것이다. 사실상 시총 상위주 중 삼성전자를 제외하고는 장기투자를 통해 큰 수익을 내긴 힘들었을 것이다.

물론 기준에 맞는 종목을 발굴해 장기투자 후 앞선 주도주들로 큰 수익을 낸 사람들도 없지 않을 것이다. 그러나 일반 대중들이 이런 투자를 하기는 쉽지 않다. 보통 그 주식이 눈에 띄는 시점은 이미 주가가 크게 오른 이후이기 때문이다.

"자기야… 나 주식에 장기투자를 하고 있는데 아직 제 가치를 찾아가지 못하고 있어. 제 가치를 찾아갈 때까지 결혼을 좀 미룰 수 있을까?"

예비 배우자에게 뺨 맞을 소리다. 내가 장기투자를 하지 않는 두 번째 이유이기도 하다. 살면서 목돈이 들어갈 일이 많기 때문이다. 결혼 전 미국주식에 마법공식◆을 활용해 장기투자를 했다. 계속 장기투자를 이어갈 수 있으리라 생각했지만, 결혼을 계기로 모두 정리하게 되었다(이후 국내 주식 수익 기반으로 현금흐름이 안정되어 다시 시작하였다). 모두 전세자금에 투입되었기 때문이다. 장투하는 종목은 언제 주가가 상승할지 모른다. 그래서 원래 가치를 찾아갈 때까지 기다려야 한다. 그런데 돈 들어갈 곳은 나의 주식 시세가 분출할

◆ 마법공식: 조엘 그린블라트의 《주식시장을 이기는 작은 책》에 소개된 방법으로 일종의 퀀트 투자이다.

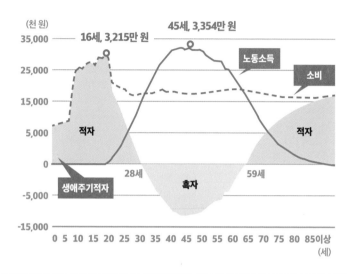

1인당 생애주기적자

(천 원)

16세, 3,215만 원

45세, 3,354만 원

노동소득

소비

적자

적자

생애주기적자

28세

흑자

59세

0 5 10 15 20 25 30 35 40 45 50 55 60 65 70 75 80 85이상

(세)

때까지 기다려주지 않는다.

국민 1인당 생애주기 현금흐름을 도식화한 그래프를 보자. 대학 졸업 전까지 적자를 보이다가 28세~59세까지 흑자 기조를 유지한 다. 이후 은퇴와 함께 다시 적자를 보인다. 이것은 1인에 대한 현금 흐름이고 우리는 상황에 따라 적자인 사람들을 부양해야 한다.

결혼과 출산 같은 빅 이벤트뿐 아니라 사교육비, 대학등록금을 필두로 한 자녀양육비, 전/월세나 주택매매 등에 필요한 주거비용 등 돈 들어갈 곳 천지다. 그뿐인가? 자산관리 관점에서 근로소득은 없어지고 소비만 발생하는 은퇴 이후의 노후생활도 대비해야 한다. 무작정 기다리기 힘든 이유이다.

세 번째, 장투는 '월급 같은 투자'에 적합하지 않다. 월급의 특징은 무엇인가. 한 달 동안 열심히 근무한 것에 대한 보상을 매달 한 번 급여일에 결산해서 받는 것이다. 월급 같은 투자는 월급처럼 월 단위로 결산하여 투자 수익을 정산한다. 그래야 버는 느낌이 있고 현금흐름을 만들 수 있다. 실현하지 않은 수익은 수익이 아니다. 나는 주식 평가금액보다 월 실현수익을 더 중요시한다.

직장인 투자자의 약점인 시간의 한계로 인해 장투를 고민하는 사람들에게 꼭 말해주고 싶다. 월급의 노예에서 벗어나기 위해서는 반드시 월 현금흐름이 도는 단기투자를 해야 한다고 말이다. 앞으로 직장인이 시간의 제약에서 벗어나기 위해 어떻게 투자하면 좋을지 차근차근 풀어놓을 생각이다.

제2의 월급이 주는 안정감

직장인은 늘 월급이 빠듯하다. 그저 기분 탓일까? 아니다. 인플레이션, 돈의 가치가 하락하는 현상 때문이다. 물가는 계속 오르지만, 그 폭이 문제가 된다. 코로나19로 인한 팬데믹 상황에서 돈을 너무 많이 풀어서 인플레이션이 가속화되었다. 2022년 물가상 승률이 무려 5%에 육박했다. 오르는 물가를 따라 월급도 함께 상 승하면 좋으련만, 월급의 상승 속도는 물가상승률을 따라가기 벅 차다. 통계청 발표에 따르면 고물가가 지속되는 상태에서 2023년 2분기의 가구실질소득이 지난해 같은 기간보다 0.8% 떨어졌다. 물가는 오르는데 소득이 줄어드는 최악의 상태인 것이다.

미국 연준이 목표로 하는 인플레이션율 2%를 가정하여 3억 원의 자산을 금고에 넣어놓았을 때 화폐 가치의 변화를 한번 살펴보자.

3억 원의 실질 가치는 인플레이션율 2% 가정 시 10년 후 2억 7,160만 원, 20년 후 2억 4,590만 원, 30년 후 2억 2,260만 원으로

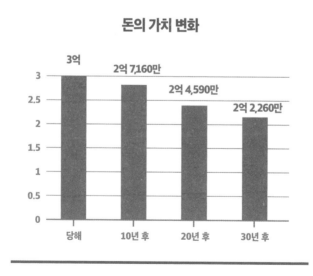

돈의 가치 변화

하락한다. 한국물가협회가 발표한 결과를 보면, 라면 가격은 50년 간 무려 8배 올랐다. 물가가 올라서 돈의 가치가 자연스레 하락하는 것이다.

월급은 통장을 스치듯 빠져나간다. 고물가 시대에 가족끼리 외식이라도 한번 하면 10만 원이 우습게 나간다. 돈 쓸 일이 너무나도 많다. 통계청에서 발표한 2023년 1분기 가계동향조사 결과 가구당 평균소득은 전년 대비 4.7% 오른 505만 원으로 나타났으며, 가구당 월평균 지출은 전년 대비 11.1% 오른 389만 원이었다. 단순 산술로 소득에서 지출을 빼면 116만 원밖에 남지 않는다.

여기에 만약 대출이라도 끼고 집을 구매했다면 어떨까? 금리가 오른 지금, 가구당 이자 비용은 전년 대비 42.8% 오른 11만 1천 원이다. 물론 집값이 같이 오른다면야 심리적으로 버틸 수 있다. 그러나 현실은 집값이 내려가는데 이자는 오르는 이중고의 상황이다. 돈이 많다고 행복한 것은 아니지만 확실히 없다면 불행할 수 있다. 내 생활의 리듬이 깨질 수 있기 때문이다.

이런 상황에서 제2의 월급이 있다면 어떨까? 누군가는 맞벌이에서 외벌이로 전환할 수 있다. 또 어떤 이는 아이를 한 명 더 가져도 되겠다고 생각할 수 있다. 직장에 얽매였던 사람이 가정으로 한 발짝 더 다가갈 수 있다. 매달 나가는 이자를 걱정하지 않을 수도 있다. 더 나은 내일을 꿈꾸는 직장인에게 '월급 같은 투자'가 필요한 이유다.

장기투자하는 계좌의 평가금액이 올랐다고 한들 실생활에 무슨 도움이 되는가? 마음이 좀 푸근한 정도이다. 1주택자의 집값이 오른 것은 또 어떤가? 집 팔고 어디 시골로 가지 않을 거라면 시세차익이 당장의 내 삶을 개선하기 힘들다. 세금만 오르지 실제로 생활이 나아지는 것이 무엇일까? 돈 벌었다는 기분으로 플렉스했다가 실현하지 않은 주식이나 집값이 폭락하면 마음만 2배로 아프다.

직장인의 삶을 개선할 수 있는 확실한 방법은 월급이 2배가 되는 것이다. 월급 2배, 단어만 보아도 꿈만 같은 일이지 않은가? 명심하자. 실현해야 내 돈이다. 평가금액은 내 삶의 큰 변화를 가져오지 못한다. 2주택 이상의 부동산을 보유하여 수익을 실현하거나 단기 주식 투자를 통해 매달 현금흐름을 만들어내야 유의미한 삶의 변화를 이끌어낼 수 있다.

- 3 -

직장인, 이래서 투자가 힘들다

직장인의 투자는 어렵다. 당연하다. 일하기도 바쁘고 힘들어 죽겠는데 투자까지 챙기는 일이 결코 쉬울 리 없다. 업무 시간이 명확하니 시간에 대한 자기 통제권도 없으며, 그동안의 월급은 다 어디 갔는지 시드도 적다. 이걸로 투자해서 과연 얼마나 먹을까 싶다. 여기서는 직장인이 느끼는 직장인 투자의 한계를 짚어보고 어떻게 극복할지 고찰해 보려고 한다.

시간이 부족하다

오전 9시, 부장님이 회의를 잡았다. 무슨 중요하게 논의해야 할

어젠다라도 있는 걸까? 엄숙한 분위기에 나온 뜬금없는 부장님의 말. "상무님이 우리 팀이랑 회식을 한번 하자고 하시는데, 뭐 먹으러 갈까?" 어이없는 안건에 팀원들의 침묵이 이어진다. 그 속마음이 전부 들리는 듯하다. '뭐라고? 저 말 하려고 이 중요한 9시에 회의를 잡은 거야!?'

어차피 의견을 수렴하여 윗분들 마음대로 할 텐데, 당최 왜 물어보는지 모르겠다. 책상 밑에 휴대폰을 숨기고 은밀한 거래를 시도한다. '뭐야 POSCO홀딩스가 박살 나고 있잖아? 안 되겠다. 매도하자…' 역시나 9시의 시장 상황은 다이내믹하다. 그래도 보고 팔아서 다행이라고 생각하는 찰나, "거 누가 부장이 말하는데 휴대폰을 보는 거야?"라는 부장의 소리가 벼락같이 꽂힌다. 몰래 한다고 했는데 다 보고 있었나 보다. "죄송합니다. 메일 좀 보고 있었습니다"라는 말로 황급히 변명했다.

회의 같지도 않은 회의가 끝나고 휴대폰을 확인한다. POSCO홀딩스가 더 떨어지고 있다. 역시 잘 팔았다고 생각한다. 습관적으로 계좌를 확인하는데, 등 뒤로 식은땀이 흐른다. '뭐지? 나 POSCO홀딩스 다 팔았는데? 왜 있지?' 거래 내역을 확인한다. 체결이 되긴 되었다. 그런데 매도가 아니라 매수다. '헐… 저 부장 때문에 망했다.'

사실 부장은 잘못이 없다. 회사에서 회의하는 게 무슨 잘못이겠는가. 꼬투리를 잡자면 회의 주제가 쓸데없었다는 것 빼고 문제는 없다. 이렇듯 직장인은 시간이 없다. 전업투자자처럼 온종일 모니터를 들여다볼 수 없다. 시간에 쫓기는 상황에서 무리해서 매매하려고 하면 추격매수를 하게 되고 뇌동매매를 하게 된다. 긴급한 상황에서 사람은 좀처럼 이성적인 판단을 하지 못한다. 직장인의 지나친 주식에 대한 몰두는 일과 주식 모두에 좋지 않다.

뇌동매매란 매매규칙이나 기준 없이 일시적 감정과 분위기에 휩쓸려 매매하는 것을 말한다. 회의시간이나 업무시간에 잠시 켠 MTS 화면에서 한 종목이 빨간색을 내뿜으며 내달리면 '나만 놓고 가면 어떡하지?'라는 생각에 이미 매수 버튼을 터치하는 자신을 발견한다. 선매수 후 포털의 종목토론방이나 기사들을 찾으며 매수의 이유를 찾는다. 매매의 원칙이나 기준이 없으므로 별 의미 없이 주식 현재가 체결 창만 넋 놓고 바라본다. 자연히 일은 뒷전이 된다. 일과 투자 두 마리 토끼 모두 놓치게 되는 셈이다.

직장인 투자자라면 일과 주식 모두 윈윈할 수 있는 방법을 찾아야 한다. 뇌동매매의 뜻을 다시 보자. 거꾸로 말하면 매매규칙이나 기준이 생기면 뇌동매매를 피할 수 있다. 이러한 이유로 직장인은 원칙과 기준을 가진 '시나리오 매매'를 해야 한다.

시드가 부족하다

돈에 대한 실수는 빨리 하는 게 낫다. 투자 또한 마찬가지다. 온 갖 매체에서 투자 시작 전 시드머니, 즉 종잣돈의 중요성을 강조한 다. 종잣돈 1억 원부터 만들라는 말은 정석처럼 여겨진다. 회사 후 배들과 재테크 이야기를 하면, 일단 이런 패턴으로 흐르는 경우가 많다.

"김 과장님, 주식 그거 시드가 좀 있어야 하죠? 일단 종잣돈 1억부터 모을게요."

"아니… 그러면 로또 당첨자랑 뭐가 다르겠어? 시드와 함께 김 대리 돈 그릇도 함께 커져야지. 가지고 있는 돈 일부를 떼어서 지 금부터 공부하고 연습해."

투자할 자금이 부족하다고? 오히려 잘 되었다. 시드가 적을 때 주식투자를 시작하는 것은 축복이다. 2가지 관점에서 그렇다. 첫 번째는 적은 돈으로 충분한 연습이 가능하다는 점, 두 번째는 시드 와 돈 그릇을 함께 키워갈 수 있다는 점이다.

주식시장은 절대 호락호락하지 않기에 오히려 적은 돈으로 공 부하고 연습해야 한다. 손실이 크게 나면 안 되기 때문이다. 주식 투자를 하면서 제대로 훈련을 하려면, 수익이 났을 때 기뻐야 하고 손실이 났을 때 아파야 한다. 1억 원의 시드를 가진 사람이 100만 원을 떼어 투자한다고 생각해 보자. 1억 원이 있는데 10만 원의 손실이 난다고 해서 타격이 클까? 손실에 대한 각인이 전혀 되지 않는다. 손실을 제대로 체득하지 못하게 된다. 실력이 없는 상태에서 시드가 적은 것은 축복이다.

반대로 실력이 없는 상태에서 시드가 많은 것은 재앙이다. 블라인드 주식 게시판을 보면 "2억 원이 있는데 어디에 투자할까요?" 같은 유형의 질문이 많이 올라온다. 2억 원을 모으는 동안 투자할 준비가 하나도 되어 있지 않은 것이다. 2억 원을 굴릴 만한 그릇이 되지 않은 사람이다. 이런 사람은 절대로 그 돈을 잘 굴릴 수 없다. 작은 시드부터 시작하여 그 시드에 적합한 투자의 그릇을 시드를 늘리며 함께 키워가야 한다. 앞에서 잠깐 이야기했지만, 나는 400만 원 정도의 금액으로 첫 투자를 시작했다. 그 이후 인위적으로 시드를 늘린 적이 딱 한 번 있다. 아주 얕은 지식으로 시드가 커지면 더 많은 돈을 벌 수 있다고 착각했다. 아버지께 투자 유치 프레젠테이션까지 해가며 1,000만 원 정도 투자를 유치했으나, 결과는 처참했다. 그만큼의 투자금을 다룰 그릇이 아니었던 탓이다. 그 이후 투자가 잘된다고 해서 시드를 크게 늘린 적이 없다. 월급 일부를 계속해서 매월 투입했고 투자의 실력과 담을 수 있는 그릇도 그것에 맞게 조금씩 커졌다.

직장인 투자자의 가장 큰 장점은 안정적인 월급이다. 이를 기반으로 실력이 향상될 때까지 버텨라. 실력이 쌓이는 순간부터 잔고는 빠르게 늘어날 수 있다. 일단 시작해야 한다. 영영 종잣돈이 모이지 않으면 어쩔 텐가. 60살이 되어서야 종잣돈이 모이면 어쩔 것인가. 더 심각한 상황은 그 뒤에 찾아온다. 막상 종잣돈이 모였는데 그 돈을 굴릴 실력이 없다면 아무런 소용이 없다.

혹시 72의 법칙(72 Rule)을 들어본 적 있는가? 복리의 마법을 이야기할 때 항상 언급되는 법칙이다. 일단 복리의 개념부터 살펴보자. 복리의 마법은 원금에 이자를 더한 금액으로 다시 이자를 얻게되고, 그 쌓여가는 이자로 다시 이자를 만들어내는 원리를 의미한다. 이로 인해 시간이 지남에 따라 원금이 지수적으로 증가하게 되는 것이다. 이자를 수익으로 전환하면 투자에서의 복리의 마법을 설명할 수 있다.

72 법칙은 복리의 효과를 빠르게 계산하는 간단한 규칙으로, 다음과 같이 설명할 수 있다. 원금이 72로 나누어지는 기간(년) 동안, 이자율에 따라 원금이 2배로 증가한다. 이 말은 어떤 금융상품의 연 이자율을 알고 있다면, 그 상품이 원금을 2배로 늘리는 데 필요한 시간을 쉽게 알 수 있다는 것이다. 예를 들어, 만약 이자율이 8%라면 72를 8로 나누면 약 9년이 걸린다. 따라서 8% 이자율을 가진 금융상품은 약 9년을 거쳐 원금을 2배로 증가시킬 수 있다.

마찬가지로 이자율을 수익률로 바꾸면 투자에서도 72 법칙의 적용이 가능하다. 투자의 실력을 쌓아 72 법칙이 연 단위가 아니라 월 단위로 적용되게끔 한다. 월 6% 수익률이라면 72를 6으로 나눈

약 12개월, 즉 1년이면 원금을 2배로 만들 수 있다. 월 6%의 수익률을 유지한다면 매년 원금을 2배로 불릴 수 있다. 시드가 작을 때 월 6% 수익률을 내는 것은 그렇게 어렵지 않다.

자, 행복한 꿈을 꾸는 시간을 한번 가져보자. 국민 시드 3,000만 원을 가지고 월 6%의 수익을 복리로 누리면 72 법칙을 통해 향후

‖ 국민 시드, 3,000만 원의 72 법칙 ‖

	자금(단위:천 원)
초기 시드	30,000
1년	60,000
2년	120,000
3년	240,000
4년	480,000
5년	960,000
6년	1,920,000
7년	3,840,000
8년	7,680,000
9년	15,360,000
10년	30,720,000

10년간 시드가 얼마나 늘어나는지 보자. 추가적인 자금투입이 없다고 가정한 것이다. 물론 72 법칙에 약간의 오차는 있다.

물론 현실 세계는 좀 다르다. 5억 원 이상으로 자금이 커지면 단기매매로 수익률 6%를 달성하는 것이 어렵다. 그래도 꿈이라도 갖자. 목표를 가지면 그 크기는 다르더라도 방향성을 잃지 않게 된다.

안정적인 수익률을 얻게 되면 소비를 통제하면서 기존 시드에 월급을 투입하고, 거기에 또 수익이 붙어 엄청난 속도로 시드가 늘어날 수 있다. 조급해하지 말자. 금방이다.

결과를 눈으로 확인해 보니 어떤가? 시드보다 실력이 먼저다. 실력이 쌓이면 시드는 따라오게 되어 있다.

나는 주식으로 월급 두 번 받는다

3장

직장인의 한계를 극복하는 투자

소득, 소비, 저축의 원동력은 투자다.

앞에서 말했듯 '소득 → 저축 → 소비 → 투자 → 현금흐름(소득)'을 나는 부의 사이클이라고 부른다. 많이 벌고 적게 쓰고 많이 모아서 잘 굴리면 부자가 된다는 것을 모르는 사람은 없을 것이다. 그러나 모두가 부자가 될 수 없는 이유는, 사이클의 한 축이 무너졌기 때문이다. 그런 상태로는 절대로 부자가 될 수 없다. 가장 좋은 케이스는 자본을 통해 현금흐름을 만들어 그것이 새로운 소득의 원천이 되는 것이다. 진정한 의미의 사이클이다.

나는 이 부의 사이클의 중심에 투자를 둔다. 투자가 많이 버는 것과 적게 쓰는 것의 원동력이 되기 때문이다. 투자는 적은 돈을 크게 불리는 것이 목적이다. 꾸준하지 않더라도 수익의 맛을 보게 되면 투자의 기쁨을 알게 된다. 그 수익이라는 것은 투입원금이 크면 클수록 커진다. 그야말로 돈이 돈을 버는 것이다. 이런 투자의 원리를 알게 되면 돈 모으는 게 재밌다. 돈 쓰는 재미보다 돈 모으는 재미가 커지면 사이클 중 저축과 소비가 해결된다. 적게 쓰고 많이 모으는 것이다.

나는 투자를 하기 전, 그러니까 대학교 입학 전까지 돈 쓰는 것을 참 좋아했다. 저축을 하긴 했지만, 나이키 에어 조던과 에어 맥스, 잔스포츠, 이스트팩 가방 등 그 시절 유행하는 아이템이라면 부모님을 졸라서 사야 직성이 풀렸다. 돈 모으는 것보다 돈을 쓰는 것을 좋아했다.

사람이 아무 원동력 없이 돈을 모으기는 쉽지 않다. 소비의 유혹이 강력하기 때문이다. 물처럼 쓰기는 쉽지만, 참으며 모으기는 어렵다. 쓰다 보면 돈 쓰는 재미에 중독되기 마련이다. 내일이 없는 욜로족이나 플렉스족 같은 소비의 원인 중 하나다. 경기침체가 이어지면 짠테크 유행이 돌지만, 극도의 소비 제한을 해 봐야 티끌 모아 티끌이다. 의욕이 생기지 않으며 보복소비의 위험 또한 있다.

투자의 원리를 알면 모으는 것이 재밌다. 소비를 뒤로 미룰 수 있게 된다. 소비는 줄고 저축은 커진다. 근로 의욕도 생긴다. 이것이 부의 사이클 완성의 시작점이다.

이번 장에서는 내가 체득한 직장인 투자의 원리를 이야기해 보려고 한다.

1

직장인의 투자는 6시부터 시작된다

"그래서 무슨 주식 사야 해?"

〈삼프로TV〉 'SML'에 출연한 이후, 많은 지인에게서 똑같은 질문을 들었다. 친한 사람이면 "내가 점쟁이냐?"라고 되물었고, 그런 말을 건넬 사이가 아니면 그냥 웃고 말았다. 단언컨대 남의 추천과 리딩방에 의존하는 사람은 절대로 투자에서 성공할 수 없다. 운이 좋아 단기간의 수익이 날 수야 있겠지만 거기까지다. 원금마저 건지지 못하는 경우가 부지기수다.

"무슨 종목을 사야 해" 혹은 "이런 종목 어때?" 같은 식의 질문을 들으면 솔직히 화가 난다. 그야말로 투자를 불로소득으로 보는 행태이기 때문이다. 투기와 다를 바가 없다. 월급보다 큰 수익을 얻기를 원하면서 이렇게 안일한 생각으로 투자에 임하고 있다면 일찌감치 접는 편이 좋다. 투자에는 많은 공부와 노력이 필요하다. 심지어 주식시장에 수업료까지 지불해야 한다.

일본인 야구선수 오타니 쇼헤이大谷翔平는 메이저리그에 투수와 타자를 겸업하는 이도류이다. 이도류二刀流라는 표현은 일본 검술에서 양손에 무기를 하나씩 들고 싸우는 방식 또는 유파를 말한다. 오타니는 투수로서의 능력도 타자로서의 능력도 수준급인 선수다. 직장인 투자자라면 그와 같은 이도류가 되어야 한다. 직장 일도 잘하고 투자도 잘하는 사람을 꿈꿔야 한다.

오타니의 성공을 이끈 요인에는 성실함과 자기관리에 있다. 고교 시절 그가 작성한 계획표에는 19세 영어 정복, 20세 메이저리그 진출, 22세 사이영상 수상, 26세 월드시리즈 우승, 27세 리그 MVP 등이 적혀 있다고 한다. 그저 적어만 놨다면 터무니없는 희망이었을 테지만, 그는 엄청난 노력으로 이를 실현해 나가고 있다.

직장인이 투자자로도 성공하려면 갑절의 노력이 필요하다. 사실 노력해도 되지 않는 느낌을 받을 때가 많다. 포기하지 않는 지구력, 꾸준함 또한 필요하다. 지금은 아내가 된 사람과 연애를 할 때, 난 되도록 자정 이전에 귀가했다. 왜냐하면 시장 상황을 공부하고 내일 매매할 종목 설정을 해야 했기 때문이다. 연애를 비롯해 그 어떤 상황에서도 투자를 게을리하거나 소홀히 한 적은 없었다.

내가 최근 10년 동안 주식을 쉰 기간은 고작 신혼여행을 떠난 일주일이다. 회식하든 야근을 하든 아이와 신나게 놀든 투자 공부를 미뤄두어서는 안 된다.

술을 좋아하는 것까지는 개인 성향이니 어쩔 수 없으나, 투자를 하는 사람이라면 그날 공부와 다음 날 매매에 영향을 주지 않는 선에서 절제할 줄 알아야 한다. 많은 사람이 이 부분에서 무너진다. 큰 수익을 원하지만, 투자가 내 삶에 영향을 미치지 않길 바라기 때문이다. 이런 태도를 바꿔야 좋은 결과를 손에 쥘 수 있다.

전업투자자와 달리 직장인의 본격적인 투자는 퇴근 후 이루어진다. 장중에 시장을 보지 못해 몹시 아쉬울 것이다. 아마 주식투자 실패의 원인을 그것에서 찾는지도 모르겠다. 그러나 퇴근 후 시장을 맞이하는 것에는 큰 이점이 있다.

첫째, 객관적으로 오늘의 시장을 바라볼 수 있다. 장중에 시장을 보면 노이즈가 너무나도 많다. 각종 증권가 찌라시로 인해 순간적인 상방 슈팅이 나오기도 하고 가짜 뉴스로 인해 예기치 못한 급락이 펼쳐지기도 한다. 그리고 주식시장의 잡주들은 장이 끝난 후 악재 공시를 쏟아낸다. 퇴근 후 시장은 모든 전투가 끝난 정리된 시장이다. 좀 더 객관적으로 시장을 판단할 수 있다.

둘째, 내일의 시장을 그려볼 수 있다. 난 시나리오대로 매매한다. 시나리오를 설정하고 그 시나리오에 맞게 자동매매를 설정한다. 과거에는 HTS Home Trading System 나 MTS Mobile Trading System 의 예약주문, 자동감시주문을 이용했고 현재는 시스템 트레이딩을 주로 사용한다. 매일 저녁, 내일의 매매 대상이 될 종목을 정하고 해당 종목을 어디에서 매수할지 미리 결정한다. 그리고 다음 날 매매 대상 종목이 매수 타점에 오면 자동으로 매수가 이루어진다. 이미 전날 세팅해 놓았기 때문에 당일의 나의 기분이나 시장 상황에 휘둘리지 않는다. 직장인은 오늘의 장을 정리하며 내일의 시장을 그려봐야 한다. 시나리오대로 움직일 수 있도록 전날 미리 세팅해야 한다.

퇴근 후 나의 루틴은 다음과 같다.

- 18시: 나와의 약속을 지키기 위해 칼퇴한다. 요즘은 퇴근 시간에 부장님 눈을 피해 집에 가라는 퇴근송이 나온다.
- 18시~19시: 출퇴근할 때 자차를 이용한다. 대중교통을 이용했을 시절엔 보통 책을 읽었는데, 운전 때문에 책을 보진 못한다. 〈삼프로TV〉 퇴근길 라이브를 통해 오늘의 시황을 듣는다. 시황만 듣고 시간이 남으면 음악을 듣는다. 시황으로 충분하기 때문이다.
- 19시~19시 30분: 가족들과 함께 저녁 식사를 한다.
- 19시 30분~21시 30분: 아이들과 놀아준다. 공부해야 하는 건 내 사정이지 아이들의 사정이 아니다. 직장인, 투자자이기 전에 난 아빠다. 내가 투자하는 이유도 가족 때문이다. 갈 길이

96

멀지만 직장인, 투자자, 아빠 역할의 삼도류를 꿈꾼다.

- 21시 30분~22시 30분: 투자에 익숙해진 지금은 1시간 정도 주식 공부를 한다. 정확히는 공부라기보다 오늘 장의 정리와 내일 장의 준비이다. 안정적인 수익이 나기 전까지 이 시간은 3시간 정도였다.

회사에서 시간 확보

회사에서 인정받는 것은 중요하다. 투자로 인한 안정적 소득이 확보되기 전까진 더욱더 그렇다. 그러나 투자를 통해 인생을 좀 바꿔보려고 마음먹은 사람이라면 직장에 올인해서는 안 된다. 일을 잘하는 사람이라는 인식을 심어주는 것은 중요하지만, 직장에 올인한 사람이라는 인식을 윗사람에서 심어주면 안 된다. '김 과장이 일은 잘하지'라는 인식 정도가 좋다. '일도 잘하지'가 아니다.

상사와 임원 중에는 아직도 '능력, 실적＝시간'으로 여기는 사람이 생각보다 많다. 성과와 관계없이 휴가 쓰지 않고 죽치고 앉아서 야근하는 사람을 좋아하는 상사가 많다는 뜻이다. 그러나 그렇게 해서는 워라밸이 무너지는 것은 물론이고 투자 공부를 할 수 있는 시간 또한 줄어든다.

일도 잘하는데 회사에 올인했다는 인식을 상사에게 심어주면 팀의 일이 본인에게만 미친듯이 쏟아지는 경험을 하게 될 것이다.

내가 생각하는 최악의 케이스다. 워라밸이 무너진 것에 비해 임금이 드라마틱하게 오르지도 않는다. 능력이 좋지 않아도 사내 정치나 연공서열로 승진하는 현상을 지켜보고 있자면 그야말로 멘탈이 빠개진다. 남들보다 좀 더 빠르게 승진할 수는 있겠지만, 그것이 삶을 크게 변화시키지 않는다.

초반 이미지가 중요하다. 입사 시점부터 일은 좀 하지만 회사에 올인하지 않았다는 인상을 심어주자. 남들에게 피해를 주지 않는 선에서 1인분의 몫은 충분히 하면서 공부 시간을 확보하자. 초반에는 회사 내 인싸로 활동하다가 갑자기 태세 전환하기는 쉽지 않다. 초반 이미지를 잘 구축하면 '김 과장은 원래 칼퇴하고 회식 잘 안 가'라는 선입견을 상사에게 확실하게 심어줄 수 있다. 아이가 있다면 아이 핑계를 대고 신혼이라면 아내 핑계를 대라. 다 가족을 위한 일이기에 이해해 줄 것이다.

아주 급한 일이 있지 않고서야 '칼퇴를 하고야 말겠다는 나와의 약속'을 기반으로 눈치 보지 말고 정시 퇴근하자. 1인분은 하고 있다면 속으론 욕해도 인사상 큰 불이익은 받지 않는다. 전체 회식이나 최소 부 단위 회식이 아니라면 굳이 안 가도 된다. 술이 떡이 될 정도로 마셔도 집에 와서 공부하는 굳은 의지가 있다면 그렇게 해도 좋다.

코로나19 이후로는 회사 내부 분위기도 많이 바뀌었다. 저녁보단 점심 회식이 많아졌고 MZ세대의 활약으로 좀 더 개인적인 성향이 강해졌다. 모두 다 누리며 투자까지 잘하기란 어려운 일이다. 일과 회사 안에서 '선택과 집중'을 해야 한다.

집에서 시간 확보

당신이 배우자 몰래 주식을 하다가 손해를 보았다면 어떨까?

"여보, 사실은 주식으로 손해를 좀 봤어."

"나한테 말도 안 하고 주식을 하면 어떻게 해? 돈을 얼마나 잃었어? 앞으로 어떻게 하려고? 대책은 있어!?"

싱글인 투자자라면 손해를 좀 보더라도 자기만 통제하면 된다. 입고 먹는 것을 아끼며 죽어라 노력하면 된다. 이를 통해 가정이 생기기 전에 투자의 틀을 마련한다면 최상이다. 어느 정도의 실적을 쌓아놓는다면 훗날 가족들의 동의를 얻어내는 것도 어렵지 않다. 문제는 부양가족이 있는 경우이다. 특히 배우자에게 투자에 대한 허락과 그에 따른 공부 시간 보장을 받는 것은 굉장히 중요하다. 가족은 운명공동체이기 때문이다.

대부분 사람이 주식으로 돈을 잃고 난 뒤에야 배우자에게 투자 사실을 밝힌다. 말이라도 하면 다행이고, 혼자 끙끙대다가 빚까지 내는 경우도 있다. 독단적으로 판단하여 돈 다 날리고 혼자 앓지 말길 바란다. 함께해야 오래 갈 수 있으며 투자에 대한 책임감도 강해진다.

배우자나 자녀, 가족 구성원과 가계 경제에 대해 공유하는 것은 굉장히 중요하다. 일단 상황에 대한 공유가 필요하다. 자산, 가계 부채 그리고 그에 따른 순자산을 이야기하고, 투자를 배제했을 때 나의 현재 월급을 기반으로 미래의 자산이 어떻게 변화할지 함께 나누며 투자의 필요성에 대해 공감을 이끌어내야 한다.

배우자를 대상으로 목표, 목적, 실적을 담은 프레젠테이션을 준비해 보는 것도 추천한다. 내가 실제로 사용한 방법이다. 연애 시절부터 끊임없이 설명했다. 물론 약간의 양념은 당연히 쳐야 한다. 실적이 없는 경우는 더욱 그렇다. 진심과 열심을 담아 프레젠테이션을 한다면 말릴 배우자는 별로 없을 것이다. 그리고 꾸준함을 보여줘야 한다. 그것이 곧 신뢰로 이어진다. 다행히 아내는 나를 신뢰해 주었고 투자에 필요한 여러 부분에서 많은 도움을 주었다. 그렇게 이해를 구하고 투자 시간을 확보해야 한다. 그리고 신뢰를 가질 만큼 열심히 하자. 물론 열심히만 하면 안 된다. 잘해야 한다.

투자 시간을 확보하면 나머지 시간은 가정에 충실해야 한다. 돈을 벌고자 하는 이유는 다양할 것이다. 가장 큰 이유가 가족을 위해서인 경우, 주식 공부한다고 가족을 내팽개치면 의미가 퇴색된다. 그런 주객전도가 일어난다면 여전히 돈의 노예인 상태와 다름없다. 돈이라는 것이 쓰는 재미보다 불리는 재미가 크다. 불려본 사람은 안다. 다만 그 재미에 너무 깊이 빠져 인생에서 가장 중요한 것들을 미루는 우를 범하지는 말자.

2

관심 종목의 선정 기준,
범위를 축소하라

2023년 12월 7일 기준 우리나라 주식시장에는 유가증권시장(코스피) 952개, 코스닥시장 1,704개, 코넥스시장 129개 등 총 2,785개의 종목이 상장되어 있다. 이 모든 종목을 다 볼 시간이 있을까? 직장인은 효율성의 측면에서 전업투자자의 투자와 달라야 한다. 내가 즐겨보는 유튜브 채널 〈장사의 신^神〉 은현장 대표는 방송 중 영업시간이 평균 이상으로 길고 심지어 가게에서 숙박까지 하는 사장님을 향해 이런 말을 했다.

"요즘에는 막 열심히 한다고 그냥 되는 세상이 아니에요. 열심히 xx
잘해야만 되는 세상이에요."

막무가내로 시간만 투입해서는 좋은 결과를 얻을 수 없다는 소리다. 시간이 부족한 직장인은 짧은 시간 안에 효율을 따져서 투자해야 한다. 어떻게 해야 할까?

일단 직장인은 범위를 축소해야 한다. 보는 시간을 줄여야 하고 매매 대상이 되는 종목을 축소해야 한다. 오를 가능성이 높은 종목을 매매 대상으로 선정해야 하며, 악재가 나왔거나 악재가 나올 수 있는 종목은 매매 대상에서 제외해야 한다. 물론 모든 악재를 피해 갈 방법은 없으나, 악재를 맞더라도 계좌 전체가 초토화되어서는 안 된다. 확률 기반의 투자를 해야 함을 명심하자. 수익실현할 확률이 높은 종목은 넣고 확률이 낮은 종목은 빼야 한다. 간단해 보이지만 이것이 직장인 투자의 성패를 좌우한다.

확률에 기반하여 꾸준히 수익을 내게 되는 순간 손절도 쉽다. 작은 성공 경험이 쌓여 자신감이 커지기 때문이다.

관심 가져야 하는 종목

어느 날 저녁, 피자가 먹고 싶어 쿠팡이츠 앱을 켜고 피자를 검색했다. 리뷰가 좋다. 천국의 맛이란다. 그런데 배달비를 보니… 4,000원이다. 조용히 앱을 닫았다. 사람마다 다르겠지만, 대부분 세상에서 가장 아까워하는 비용이 바로 배달비와 주차요금이다. 각종 배달 플랫폼의 할인 쿠폰을 찾아보고 주차요금을 아끼기 위해 단속카메라 없는 곳에 불법주차도 불사한다. 쇼핑할 땐 어떤가. 리뷰를 꼼꼼히 챙겨보고 100원이라도 싼 곳을 찾기 위해 쇼핑몰 신규가입도 하고 쿠폰도 열심히 찾는다.

자, 이제 우리가 주식을 매수할 때를 떠올려 보자. 인터넷 최저가 상품을 찾을 때만큼 발품을 파는가? 클릭 한 번에 거래가 이루어지기 때문인지, 배달비, 주차요금보다 훨씬 큰 자금을 투입하는 주식을 사는 데는 그만큼 꼼꼼하지 못할 때가 많다. 나는 관심 종목을 매일매일 정비한다. 호재가 새롭게 생겨난 종목을 추가하고 악재가 발생한 종목은 비중을 줄이거나 삭제한다. 관심 종목 내에서 매매 대상을 설정하고 이 안에서만 매매한다.

좋은 종목은 시장의 관심을 많이 받는 종목이다. 시장의 돈을 흡수하고 있는 종목이 관심을 많이 받는 종목이다. 소위 말하는 '핫플', 관심이 모이는 곳과 사람에 돈을 쓰지 않나. 시장도 마찬가지다. 난 '좋은 종목 = 시장의 관심이 많은 종목 = 거래대금이 많은 종목'이라고 생각한다.

주식시장에서 관심을 많이 받은 종목은 '거래대금'을 통해 알수 있다. 거래대금은 '거래량×주가'이다. 거래량을 기반으로 보는 사람들이 많은데, 그보다 더 중요한 것은 거래대금이다. 돌핀 시계 100개를 판 것보다 롤렉스 시계 1개를 판 것이 매출이 높지 않겠는가? 시장도 마찬가지다. 700원짜리 동전주 1만 주를 사는 것보다 10,000원짜리 주식 1천 주를 사는 것이 거래대금이 훨씬 많다.

같은 이치에서 주식 처음하는 사람이 크게 실수하는 부분이 있다. "그 주식 너무 비싸서 몇 주 못 사잖아"라고 말하며 주당 단가가 높은 종목을 기피하는 것이다. 몇 주를 가지고 있는지는 전혀 중요하지 않다. 그 주식에 대한 총 투자금액이 중요하다.

매매 대상을 선정하는 나만의 방법과 기준을 소개한다. 매매의 대상을 선정한다는 것이 지금 바로 매수한다는 의미는 아니다. 나만의 관심 종목을 선정한다고 보면 된다. 관심 종목 내에서 추가적인 필터링 후 매일의 매매가 이루어진다.

HTS나 MTS에서 거래대금 순위를 확인할 수 있다. 나는 매일 거래대금 1위부터 100위까지 살핀다. 거래대금 100위까지 보는

순위	전일	종목명	현재가	전일대비	등락률	매도호가	매수호가	거래량	시가총액	거래대금
1	1	삼성전자	66,400 ▲	400	+0.61	66,500	66,400	19,114,739	3,963,936	1,279,678
2	3	POSCO홀딩스	493,000 ▼	21,000	-4.09	493,500	493,000	1,479,529	416,936	744,068
3	2	SK하이닉스	119,500 ▼	900	-0.75	119,500	119,400	5,461,100	869,963	666,237
4	7	신성델타테크	62,700 ▲	6,800	+12.16	62,700	62,600	9,640,225	17,232	603,422
5	8	에코프로	786,000 ▼	53,000	-6.32	787,000	786,000	532,516	209,293	430,486
6	6	영풍제지	46,900 ▼	800	-1.68	46,950	46,900	6,840,099	21,800	323,397
7	5	KODEX 200선물인	2,850 ▼	15	-0.52	2,855	2,850	114,091,906	16,655	319,873
8	13	KODEX 코스닥150	9,475 ▼	545	-5.44	9,480	9,475	30,783,613	8,329	304,424
9	9	KODEX 코스닥150	4,115 ▲	110	+2.75	4,120	4,115	60,478,094	6,707	243,923
10	15	KODEX 레버리지	14,970 ▲	90	+0.60	14,970	14,965	15,606,977	22,081	236,832
11	4	두산로보틱스	46,650 ▼	5,150	-9.94	46,700	46,650	4,580,058	30,239	222,698
12	69	우리로	2,495 ▲	390	+18.53	2,500	2,495	87,962,009	800	212,575
13	27	포스코퓨처엠	314,500 ▼	18,500	-5.56	315,000	314,500	603,034	243,622	195,665
14	32	에코프로비엠	223,000 ▼	12,500	-5.31	223,500	223,000	845,806	218,097	192,771
15	16	한올바이오파마	37,050	0	0	37,100	37,050	4,553,641	19,355	173,911

거래대금상위

것만으로 오늘 시장의 분위기와 주도주를 모두 파악할 수 있다. 장이 마감한 후 보는 것이 정확하지만, 장중에 보게 되면 시장의 흐름을 대략적으로 파악하는 데 도움이 된다.

옆 페이지의 그림은 2023년 10월 10일의 거래대금 순위를 캡처한 화면이다. 여기에서 어떤 정보를 읽어낼 수 있을까? 'POSCO홀딩스, 에코프로 등 2차전지 관련주들이 하락을 주도했네. (시가총액 상위주식의 하락과 KODEX 코스닥150레버리지의 5% 이상 하락을 보고) 코스닥이 급락이 나왔구나. 신성델타테크(초전도체), 우리로(양자컴퓨터) 등 일부 재료가 있는 주식들의 급등이 나왔구나' 하는 시장 상황을 파악할 수 있다. 물론 이렇게 되기까지 어느 정도 훈련이 필요하다. 매일 시장과 함께 하게 되면 자연스럽게 종목과 그에 매칭되는 재료를 암기하게 되고 이는 빠른 시장 판단을 가능하게 된다.

시가총액이 높으면 거래대금이 당연히 높을 수밖에 없다. 삼성전자, SK하이닉스, LG에너지솔루션 등 시가총액이 높은 종목은 매일 거래대금 상위로 위치한다. 우리가 살펴봐야 할 것은 시가총액이 높지 않은데 거래대금이 높은 케이스를 발견하는 것이다. 이것이 이른바 기사에서 볼 수 있는 특징주이다.

거래대금 100위권 내 종목을 '등락률' 순으로 정렬하면 시가총액이 높아 거래대금이 높은 종목이 아닌, 상승률이 높으면서 거래대금이 큰 종목들을 볼 수 있게 된다. 상승주도주이다. 반대로 거

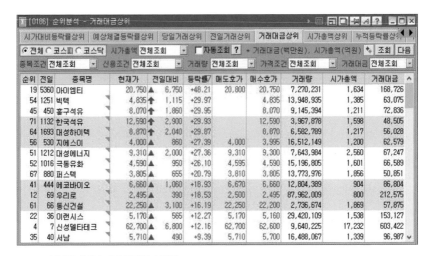

거래대금 상위 > 상승 등락률 순 정렬

거래대금 상위 > 하락 등락률 순 정렬

래대금 100위권 내 종목을 하락률 순으로 정렬하면 하락주도주를 파악할 수 있다. 이런 종목들의 하락 이유를 알아보는 것도 장세를 파악하는데 도움이 된다.

상승주도주를 파악하는 방법은 다음과 같다. 먼저 거래대금이 크고 등락률이 높은 종목 위주로 왜 올랐는지 파악한다. 왜 올랐는지 파악하는 것이 바로 '재료'를 확인하는 과정이다. 주식이 오르기 위해서는 재료가 필요하다. 재료는 쉽게 말해 주식을 상승시킨 뉴스이다. 네이버를 통해 해당 종목명을 검색하면 대부분 상승의 이유를 파악할 수 있다.

거래대금 상위 종목을 보면서 재료가 좋은 종목을 솎아내자. 좋은 재료의 특징은 무엇일까? **첫 번째, 좋은 재료는 싱싱하되 자극적이어야 한다.** '싱싱하다'는 의미는 시장에서 이미 여러 번 해먹은 재료가 아니라, 처음 나온 뉴스를 뜻한다. 생각보다 재탕 뉴스가 많다. 세력이 탈출을 위해 뉴스를 활용한다는 것도 많이 알려진 사실이다. 이 경우 주가는 일시적으로 급등을 보이다가 다시 급락하는 현상을 보인다. '자극적'이라는 것은 매수심리를 자극해야 하므로 누가 보더라도 매수하고 싶을 만큼 매력적인 뉴스여야 한다는 의미이다.

2023년 9월 19일의 뉴스를 한번 보자. '[특징주] 모비스, 국내 첫 중입자치료 환자 암조직 제거 확인… 의료용 가속기 핵심 기술력 부각↑'(파이낸셜뉴스) 이 기사는 새로 나온 싱싱한 뉴스이다. '국내 첫'이라는 키워드와 '암조직 제거'라는 키워드는 매수심리를 자극하기 충분하다. 앞서 해당 재료로 급등을 일으키지도 않았다. 9월 19일 특징주 뉴스 이후 모비스는 3연상을 기록했다.

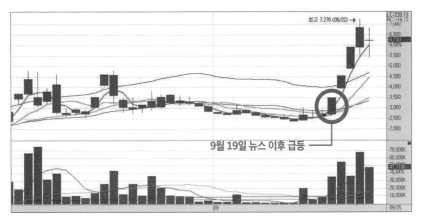

모비스 일봉차트

또 다른 사례를 한번 보자. 관심이 있는 사람은 많이 들어보았을 텐데, 희림이라는 회사는 사우디아라비아(이하 사우디) 네옴시티 관련주이다.

2023년 9월 1일, "사우디 큰손 온다"… 희림·한미글로벌 강세'(한국경제)라는 뉴스 제목으로 사우디의 국부펀드 총재가 차주 방한한다는 뉴스가 떴다. 다만 네옴시티 관련 재료는 9월 1일 이전에도 여러 번 써먹었던 뉴스다. 신선도 측면에서 떨어지는 것이 사실이다.

모비스에 비해서 상한가 이후 상승의 강도가 매우 약한 것을 확인할 수 있다. 신선도가 떨어지기 때문이다.

매년 반복되는 조류독감, 미세먼지, 무더위 등의 재료에는 시장은 둔감한 반면, 경험해 보지 못했던 코로나19, 넷플릭스 첫 글로벌 1위(드라마 〈오징어게임〉), BTS 첫 빌보드 정상의 재료에는 시장은 강한 반응을 보여왔다.

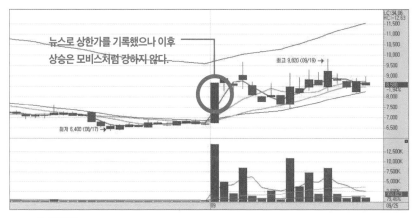

희림 일봉차트

좋은 재료의 두 번째 특징, 많이 노출되는 뉴스다. 노출이 많이 될수록 사람들이 자극을 강하게 받는다. 노출되는 곳이 9시 뉴스라면 금상첨화이다. 주식을 하지 않는 직장 동료와 커피 한잔 마시면서 논할 수 있는 사회적 이슈가 좋은 뉴스다. 누구나 얘기할 수 있고 누구나 알 법한 뉴스. 지금은 없어졌지만, 네이버 실시간 검색어 상위에 오를 만한 이슈라면 좋다. 다만 이 경우 단발적 뉴스에 해당하는 케이스라면 매매 주기를 짧게 가져가는 것이 좋다.

한때 대한민국을 휩쓸었던 이슈인 오염수 관련주 인산가가 대표적인 사례이다. 2023년 8월 22일, '[특징주] 인산가 등 소금 관련 株, 日 오염수 방류 임박 소식에 강세'(이데일리). 뉴스 제목에서부터 알 수 있듯이, 일본 오염수 방류가 임박하여 소금 관련주인 인산가가 상승했다는 뉴스였다.

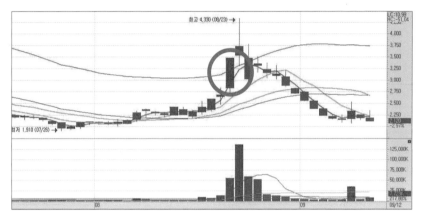

인산가 일봉차트

오염수 방류 뉴스가 부각되며 22일 상한가를 기록했고 9시 뉴스 등에 관련 뉴스가 도배되며 다음 영업일 갭상승 후 24%까지 상승했다. 그러나 실제 방류일인 24일, 재료소멸로 주가는 이후 뚜렷한 반등 없이 급락했다. 2023년 12월에는 중국 '마이코플라즈마 폐렴' 관련 뉴스가 9시 뉴스에 도배되며 멕아이씨에스, 국제약품, 수

젠틱 등이 큰 상승을 기록했다.

　세 번째, 삼성, 네이버, 카카오 같은 국내 대기업과 엮이거나 애플, 구글과 같은 글로벌 대기업과 관계된 뉴스가 좋다. 우리나라 증시는 재벌그룹을 선두로 한 대기업의 비중이 매우 높다. 삼성전자의 경우 전체 시총의 20% 이상을 차지한다. 2022년 삼성전자의 낙수효과를 280조 원으로 추산할 만큼 대기업의 경제적 파급력이 크다. 그런 대기업과 연결되는 뉴스를 띄우면 매수심리를 자극하기 충분하다. 레인보우로보틱스의 사례로 이를 확인할 수 있다.

　2023년 8월 31일, '[특징주] 레인보우로보틱스, 삼성전자 AI 탑재 '휴머노이드 로봇' 개발 착수 강세'라는 제목의 뉴스가 나왔다.

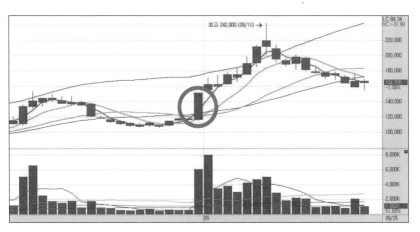

레인보우로보틱스 일봉차트

레인보우로보틱스는 앞서 삼성전자로부터 지분투자를 받은 회사이고 이날 삼성웰스토리와 첫 협업 사례가 나왔고 해당 뉴스까지 나오면서 상한가를 기록했다. 또한 상한가 이후에도 지속적인 상승세를 보였다.

미국의 빅테크와 관련된 뉴스라면 더 좋다. 한국 경제는 미국과 밀접하고 미국 경제 규모는 한국과 비교가 되지 않는다. 애플의 시가총액은 2023년 12월 기준 삼성전자의 8배가 넘는다.

엔비디아와 관련된 AI 반도체에 필수적인 HBM 관련주는 추세적인 상승을 보여왔다. 그 대장주 격인 한미반도체 또한 마찬가지였다. 23년 12월 6일, 전자상거래 플랫폼업체인 카페24는 '구글 260억 원 투자유치'를 재료로 장 시작과 함께 상한가로 직행했으며. 다음날도 상한가로 시작한 이후 조금 밀려 19% 상승한 채 마감하였다.

네 번째, 좋은 재료는 메가 트렌드, 글로벌 트렌드와 관련된 뉴스이다. 메가 트렌드나 글로벌 트렌드와 관련된 종목들은 스윙 관점에서도 매매가 가능하다.

메가 트렌드는 장기적인 변화와 영향력을 가지는 대형 사회, 경제, 기술, 환경 등의 변화를 가리키는 용어이다. 이러한 트렌드들은 글로벌 수준에서 여러 산업과 사회 부문에 영향을 미치며, 기회와 도전을 제시한다. 인공지능, 사물 인터넷, 자율 주행, 빅데이터

등의 기술 혁신은 사회와 산업 구조를 변화시키고 새로운 비즈니스 모델을 탄생시키는 기술 혁신으로 촉발되는 경우가 많다. 2023년 현재의 기준으로 보면 전기차, AI, 로봇 등이 메가 트렌드에 포함된다. 글로벌 트렌드는 전쟁, 금리, 코로나19 등 전 세계에 걸쳐 영향을 주는 이슈이다. 주로 미국, 중국이 이 트렌드를 주도한다.

　　루닛은 의료 AI 관련주이다. AI라는 글로벌 트렌드에 속하는 재료를 가진 대장주로 큰 상승을 보였다.

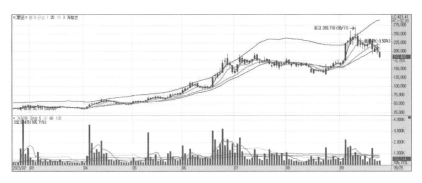

루닛 월봉차트

　　이런 기준들을 기반으로 내가 어떻게 관심 종목에 종목을 추가하는지 예를 들어보겠다. 다음 그림은 8월 7일 키움증권 HTS '[0186] 순위분석' 창을 통해 거래대금 상위 90위까지 조회 후 등락률 순으로 나열한 화면이다.

| 시가대비등락률상위 | 예상체결등락률상위 | 당일거래상위 | 전일거래상위 | 거래대금상위 | 시가총액상위 | 누적등락률상 |

순위	전일	종목명	현재가	전일대비	등락률	매도호가	매수호가	거래량	시가총액	거래대금
22	21	파워로직스	9,640 ⬆	2,220	+29.92		9,640	18,337,795	3,318	163,408
64	52	신성델타테크	24,800 ⬆	5,700	+29.84		24,800	2,206,708	6,816	50,636
36	25	서원	2,460 ⬆	565	+29.82		2,460	42,913,227	1,168	96,001
17	9	덕성	11,510 ▲	2,330	+25.38	11,520	11,510	18,410,367	1,805	194,655
37	684	유진로봇	7,120 ▲	1,390	+24.26	7,120	7,110	12,990,857	2,671	92,314
43	16	모비스	3,875 ▲	720	+22.82	3,875	3,870	22,078,354	1,247	80,186
5	5262	서남	13,310 ▲	2,330	+21.22	13,310	13,300	48,611,905	2,969	571,627
21	36	와이랩	13,280 ▲	2,220	+20.07	13,280	13,270	13,950,008	2,102	167,126
52	46	대창	1,863 ▲	298	+19.04	1,863	1,862	35,594,756	1,698	63,410
58	96	고려제강	26,650 ▲	3,850	+16.89	26,650	26,600	2,258,395	6,663	56,895
19	29	원익피앤이	10,220 ▲	1,400	+15.87	10,230	10,220	18,750,572	4,339	183,546
45	204	펩트론	27,750 ▲	3,200	+13.03	27,800	27,700	2,664,345	5,724	74,487
55	110	이구산업	5,870 ▲	670	+12.88	5,870	5,860	10,683,003	1,963	60,985
56	137	한양이엔지	18,830 ▲	2,010	+11.95	18,830	18,820	3,274,623	3,389	59,919
74	195	현대오토에버	168,700 ▲	11,600	+7.38	168,900	168,700	255,970	46,264	42,692

8월 7일 거래대금 상위 내 주도주

　　이 중, 거래대금 22위이면서 상한가를 기록 중인 파워로직스를 네이버에 검색해 보면 상승 이유를 파악할 수 있다. '파워로직스, 주가 급등… 'LK-99' 검증에 촉각', '초전도체 검증 기대감… 관련주 파워로직스 급등'

　　'LK-99'에서 파악할 수 있듯이, 파워로직스는 초전도체 관련주이다. 시장의 관심을 한 몸에 받고 있다는 측면에서는 좋은 재료를 가지고 있지만 진위 여부에 대한 논란이 있기 때문에 진짜로 확인되기 전까진 단발성을 가진 재료라고 할 수 있다. 기회와 위험이 동시에 존재하므로 아주 좋은 재료라고 보긴 힘들다. 이런 경우 관심 종목에 포함하되 실제 매매 시 과한 비중을 싣지 않는다.

같은 날 유진로봇도 24% 넘는 상승률을 보였는데 재료를 보면 대기업과 함께 물류 로봇 사업을 진행한다는 뉴스가 있었다. 대기업 계열사와 핫한 로봇 사업을 한다는 재료까지 있으니 충분히 관심 종목에 넣을 만하다.

9월 25일 거래대금 상위 내 주도주

관심 종목에 넣는 기준이 또 하나 있다. 인스웨이브시스템즈와 같은 신규 주식은 제외한다는 것이다. 9월 25일 당시 화천기계의 경우 조국 전 장관의 총선 출마 가능성 재료로 올랐으나, 출마하지 않을 가능성이 있으므로 관심 종목으로 선정하지 않았다. 이랜시스의 경우 메가 트렌드인 로봇과 관련된 재료를 가지고 있으니 관심 종목에 편입시켰다(이랜시스 주가 강세, 로봇감속기 점유율 80% 이상

차지). 이미지스도 휴머노이드 로봇 관련 재료로 마찬가지로 관심 종목에 포함하였다.

차근히 따라와 보니 어떻게 느껴지는가? 나는 이런 흐름으로 거래대금 상위 100위 종목을 보면서 좋은 재료를 가진 것들을 관심 종목에 추가한다. 되도록 10% 이상의 상승률을 보이는 종목이 좋으며 같은 재료의 종목이 여러 개일 땐 대장주를 우선적으로 선별한다. 이때 재료가 단발성인 경우 제외하거나 매매할 때 비중을 대폭 축소한다.

대장주란 같은 재료를 가진 여러 종목 중, 거래대금이 가장 많고 전일 대비 상승 등락률이 가장 큰 종목을 말한다. 오전에 상한가를 진입한 경우라면 시간이 충분하지 않기 때문에 거래대금이 다

분	신	종목코드	종목명	현재가	대비	등락률	거래량	거래대금	메모	일봉
평		250060	모비스	6,240 ▲	330	5.58	47,267,139	288,660	암, 중입자치료	
		042370	비츠로테크	8,390 ▼	730	8.00	6,086,599	53,958	암 중입자치료	
		069410	엔텔스	5,880 ▼	600	9.26	988,128	6,091	SK텔-스타링크	
실		058430	포스코스틸리	67,800 ▼	5,200	7.12	404,612	27,872	우크라재건	
실		282720	금양그린파워	14,940 ▼	740	4.72	452,652	7,057	그린에너지_네옴시티	
실		162300	신스틸	3,700 ▼	350	8.64	1,186,865	4,509	우크라재건	
실		196170	알테오젠	81,000 ▲	10,600	15.06	5,065,762	388,074	기술수출 기대	
실		010100	한국무브넥스	6,290 ▼	210	3.23	631,948	4,052	자동차, 조지아공장	
실	듀	264850	이랜시스	5,920 ↑	1,360	29.82	42,066,863	226,329	두산로보틱스	
실		388790	라이콤	3,435 ▼	90	2.55	15,091,315	55,069	스타링크	
평		088800	에이스테크	4,140 ▲	30	0.73	5,105,870	21,696	5G, 10월11일추가상장	
평		058850	KTcs	4,020 ▲	245	5.74	4,507,245	18,223	스타링크	
실		115610	이미지스	4,190 ▲	940	28.92	22,199,635	89,782	휴머노이드	

공돌투자자의 관심 종목 설정 예시

소 적을 수 있다. 이런 경우 다음날 거래대금을 보면 된다. 이틀째부터 상승률이 높았던 종목 대신 거래대금이 높았던 종목이 대장주로 나서는 경우를 심심치 않게 볼 수 있다. 모비스와 비츠로테크 모두 '암 중입자 치료' 관련주이지만 모비스가 대장주, 비츠로테크는 2등주라고 할 수 있다. 기관 외국인 수급이 좋은 종목이면 금상첨화이다.

이런 기준들로 추려진 내 관심 종목 리스트를 예시로 공개한다. 키움증권의 HTS 기준 '0130' 화면을 통해 관심 종목을 관리한다. 이때 메모에 재료나 추가상장 이슈 등을 기입한다. 필드에 거래대금을 추가하면 시장의 관심을 트래킹할 수 있다.

관심 꺼야 하는 종목

"김 과장, 너만 알고 있어! 내 친구가 ○○ 회사에 다니는데, 곧 대기업과 계약한대!"

"아… 네."

이런 소리가 들려 일단 차트를 한번 열어본다. 이미 엄청난 급등이 나온 상태다. 나에게 들어온 소문이라는 것은 이미 온 세상 사람들이 다 아는 소문이다. 그때 매수하면 남들이 다 먹은 음식 접시를 설거지하게 되는 셈이다. 하나 일러두자면, 매수할 종목을 추천하는 사람은 절대 믿지 말아라. 미공개 정보를 말하고 다닌다면 불법을 저지르는 것이고, 거짓된 정보를 흘린다면 사기꾼이다. 난 종목 추천을 해본 적이 없다. 방법을 알려줄 뿐 절대 특정 종목을 짚어주지 않는다.

"내가 아는 증권가 사람이 있는데… 지난번에 종목 2개를 추천했는데 내가 안 샀거든? 근데 겁나 오르더라? 이 사람 진짜 거 같아… 이번에 또 하나 알려줬는데, 올인 한번 해보려고."

두 번 정도 지인 추천 유혹을 이겼는데 앞선 두 종목이 급등했다면? 여지없이 세 번째 추천에 매수 주문이 나간다. 그리고 나락행. 인생이 삼세판이라 그런가? 다들 세 번째에 당한다. 내 소중한 돈의 미래를 다른 사람에게 맡기지 말자. 갖은 수모와 핍박을 받고 얻은 나의 소중한 월급이지 않은가.

다시 본론으로 돌아와서 매매하지 말아야 하는 종목을 얘기하겠다.

첫 번째, 재료소멸이다. 주식시장에서 주가를 밀어올리거나 끌어내리는 뉴스를 재료라 부른다. 그리고 그 재료는 현재 실현된 뉴스보다는 미래를 꿈꿀 수 있는 뉴스가 좋다. 주가는 미래에 대한 기대감으로 오르고, 미래에 대한 불확실성으로 내리기 때문이다. 재료소멸이란, 주가를 밀어올렸던 뉴스가 현실로 실현되어 더는 기대감이 없는 상태를 말한다. 같은 이치로 누구나 다 아는 소문이 뉴스를 통해 나오면 그때가 꼭지다. 아까는 뉴스(재료)를 보고 사라고 하더니, 내가 말을 바꾼다고 생각할지도 모르겠다. 그러나 내가 말하는 재료는 이런 재료와는 다르다. 재료소멸 상태라면 뉴스가 나오기 전 이미 큰 상승을 보였을 것이고 뉴스가 나온 당일에는 일시적인 상승을 보이다가 음봉이 떠 있을 확률이 높다. 반대로 뉴스가 계속 나오지만, 여전히 기대감이 살아 있는 경우라면 그것은 재료소멸이 아니다.

가장 대표적인 재료소멸 사례에는 대선 관련주가 있다. 대선 관련주들의 재료는 '대통령 당선에 대한 기대감'이다. 이 기대감이 현실이 되는 때는 대통령 선거일이다. 대선 관련주들은 해당 대선주자가 당선되던 당선이 되지 않던 대선이 끝나면 제자리로 돌아간다. 20대 대선 당시, 윤석열 대통령 관련주인 NE능률의 경우 대선이 가까워져 올수록 주가가 하락했다. 그리고 2022년 3월 9일 대선

NE능률 일봉차트

투표일 이후 열린 3월 10일 장에서 15% 넘게 갭상승을 보였으나, 결국 종가는 보합을 보였고 이후 주가는 지속적으로 하락하였다.

　영화, 음악 같은 미디어 관련 주식들도 마찬가지다. 특히 이미 공개 전 기대감이 있는 경우라면 공개 이후 일시적 반등을 주긴 하지만 머지않아 제자리로 돌아간다. 다만 기대감이 없거나 적은 상태에서 예상보다 훨씬 큰 흥행을 한다면 새로운 시세의 분출로 이어지기도 한다. 대표적인 경우가 영화 〈기생충〉 관련주였다. 〈기생충〉이 기대 이상의 흥행과 더불어 아카데미 4관왕을 석권하면서 관련주인 바른손, 바른손이앤에이 등은 개봉 이후에 오히려 급등하였다.

　재료가 소멸되었거나 재료소멸을 앞둔 종목은 보수적으로 매매

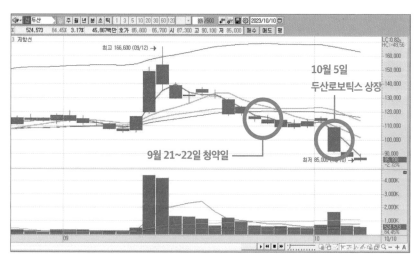

두산 일봉차트

해야 한다. 2023년 10월, 엄청난 흥행을 보이며 두산로보틱스가 증시에 입성했다. 두산로보틱스의 대주주인 두산은 '자회사 상장 기대감'이라는 재료를 가지고 급등을 보였으나 화려하게 입성한 두산로보틱스 상장일에 재료소멸로 인해 급락을 보였다.

반대로 미래에 대한 불확실성이나 불안으로 인해 주가가 내리다가 그것이 현실이 된 경우에는 매수의 관점으로 대응할 수 있다. 이를 주식시장에서는 '불확실성의 해소'라고 부른다. 물론 그 악재가 회사의 존립을 흔들어선 안 된다.

매매를 피해야 하는 두 번째 경우, 거래대금이 너무 적어진 경우다. 거래대금은 시장의 관심이다. 어느 종목이건 급등 시점에는 거래대금이 터진다. 시장의 관심이 크기 때문이다. 그러나 시간이 지나가면서 뉴스 발생 빈도가 줄어들고 상승의 폭이 줄어들면서 시장의 관심에서 조금은 멀어지는 것이 자연스러운 이치다.

그러나 거래대금이 '너무' 적어지는 종목은 매매 대상에서 제외한다. 최소한의 거래대금도 충족하지 못한다는 것은 투자자들에게 소위 '아웃 오브 안중' 상태라는 것이다. 재료가 사실상 소멸된 것으로 보는 게 타당하다. 시장의 전체적인 예탁금 규모에 따라 좀 다르지만 난 그 기점을 10억으로 삼았다.

시장으로부터 관심을 잃어버렸기 때문도 있지만, 시드가 어느 정도 커지게 된 상태에서 거래대금이 너무 적은 종목을 매매하게 되면 원하는 수량만큼 매수나 매도가 불가능해진다. 또한 본인의 의도와 상관없이 불공정 거래로 의심받을 수 있다. 따라서 거래대금이 일정 기준 이하가 된 종목은 거래하지 않는다.

셋째, 홀짝 게임이 된 경우에도 관심을 거두자. 손에 구슬을 쥔 채 상대방의 손에 든 구슬의 개수가 홀수인지 짝수인지 맞히는 게임을 홀짝게임이라고 한다. 넷플릭스 오리지널 드라마 〈오징어게임〉에도 나오는 게임이다. 카지노의 바카라도 이와 비슷하다. 보통 승률이 50%인 게임을 홀짝게임이라고 부른다(사실 승률은 수수료, 세금 등으로 50%를 약간 밑돈다).

주식시장에도 홀짝 게임이 있다. 정해진 일정에 주가에 긍정적인 뉴스가 나올지 부정적인 뉴스가 나올지 모르는 경우이다. 예를 들어 부산 엑스포 개최 기대감으로 인해 상승한 종목이 있다고 치자. 그러나 부산이 엑스포 개최에 성공할지 실패할지 모르는 일이다. 이런 종목을 개최지 선정 발표 전일 매수한다면 당신은 주식투자가 아니라 홀짝게임을 하고 있는 것이다.

이런 홀짝게임 같은 주식은 그 일정에 임박하여 접근하면 안 된다. 일정이 임박하지 않은 경우라면 기대감을 이용해 트레이딩 해볼 수 있다. 이런 성격의 종목들은 성공했을 때 기대수익률이 크고 실패했을 때 손실위험률이 높다. 안 그래도 단기투자 한다고 하면 불로소득 조장이다, 투기다 하며 부정적인 관점으로 보는 사람이 많다. 자신이 하는 투자를 그렇게 질 낮은 게임으로 만들지 말자.

홀짝게임의 몇 가지 사례를 소개한다. 2022년 11월 24일은 위메이드의 코인인 '위믹스'의 국내 주요 거래소 상장 유지 여부에 대한 발표가 예정되어 있었다. 상장이 유지될지 안 될지는 알 수 없다. 홀짝게임이다. 장 마감 후, 위믹스가 국내 주요 거래소에서 상장폐지가 결정되었다는 뉴스가 나왔다. 위메이드의 일별주가를 보자. 당시 발표가 예정되어 있던 11월 24일 정규장에서는 1.4%의 하락이 있었으나 시간 외 단일가에서는 존속에 대한 기대감으로 상승을 보였다. 그러나 장 마감 후 상폐 결정이 발표되었고, 다음날

일자	시가	고가	저가	종가	전일비		등락률	거래량	금액(백만)	신용비
2023/08/08	41,250	43,600	40,500	42,700	▲	700	+1.67	575,762	24,183	0
2022/11/28	37,550	38,400	32,200	34,000	▼	5,400	-13.71	7,612,390	263,136	3.56
2022/11/25	39,400	39,400	39,400	39,400	↓	16,800	-29.89	551,646	21,766	3.72
2022/11/24	57,700	59,900	54,000	56,200	▼	800	-1.40	1,788,315	103,196	3.85
2022/11/23	54,700	57,400	54,100	57,000	▲	3,600	+6.74	669,474	37,441	3.80
2022/11/22	53,600	54,800	52,400	53,400	▼	200	-0.37	357,622	19,191	3.75
2022/11/21	54,300	55,300	53,500	53,600	▼	600	-1.11	384,272	20,859	3.74
2022/11/18	55,700	55,800	54,100	54,200	▼	2,600	-4.58	561,337	30,829	3.54
2022/11/17	58,600	60,500	55,100	56,800	▼	200	-0.35	1,520,457	88,035	3.55
2022/11/16	57,700	58,900	56,600	57,000		0	0	832,770	48,060	3.56
2022/11/15	54,800	57,000	53,400	57,000	▲	2,700	+4.97	989,771	55,138	3.45
2022/11/14	56,000	56,500	53,200	54,300	▼	3,200	-5.57	1,131,042	62,049	3.48
2022/11/11	57,100	61,400	56,600	57,500	▲	2,200	+3.98	2,688,710	156,835	3.27
2022/11/10	52,600	57,800	51,900	55,300	▲	300	+0.55	1,773,779	96,074	3.25
2022/11/09	53,700	56,200	53,200	55,000	▼	300	-0.54	1,176,374	64,684	3.35
2022/11/08	56,100	57,500	51,200	55,300	▲	500	+0.91	2,260,890	124,201	3.28
2022/11/07	54,300	57,300	53,700	54,800	▲	2,500	+4.78	1,819,494	101,104	3.32
2022/11/04	53,800	54,700	51,000	52,300	▼	1,300	-2.43	1,119,365	59,037	3.27

위메이드 일별주가

인 11월 25일 해당 주식은 점하한가˙를 기록했다. 그리고 그다음 거래일인 11월 28일도 13% 이상의 추가적인 하락이 나왔다. 이때 주식을 매수했더라면 이틀 만에 계좌는 큰 손실을 보았을 것이다.

이런 종목은 결과가 정해지는 날짜 이전에는 반드시 포지션을 정리해야 한다.

이 밖에도 누리호 테마, 신라젠 거래재개/상장폐지 관련된 이슈 관련된 종목들이 홀짝게임 중 하나이다. 성공할지 실패할지 모르기 때문이다. 특히 이슈가 결정되기 전날엔 무조건 정리하는 것이 투자자의 자세이다. 홀짝게임의 주식에서 내가 베팅한 방향으로 결과가 나오면 다음 날 큰 수익을 얻을 수 있을 것이다. 그러나 언젠가 한 번은 당한다. 애초에 뛰어들지 않는 게 정답이다.

넷째, 공시를 통해 악재가 나왔을 때다. 나는 매일 종목을 설정할 때, 종합 시황 창을 띄워 해당 종목의 주요 공시와 재무 상태를 살핀다. 그리고 악재라고 생각하는 공시나 뉴스가 나오면 매매 대상에서 제외하거나 비중을 축소한다.

소위 '악재성 공시'가 나오는 종목은 회사의 재무 상태가 불안한 경우가 많다. 단기매매 투자자가 가치투자자처럼 재무를 꼼꼼하게 살펴보면서 고평가되었는지 저평가되었는지 파악할 필요는 없다.

◆   점하한가: 개별 종목의 주가가 개장과 동시에 하한가에 도달한 것을 일컫는다.

흑자인지 적자인지 정도만 파악하면 된다. 적자인 종목은 매매 대상에서 제외하거나 비중을 줄이면 리스크 관리에 도움이 된다.

내가 비중 축소나 매매 대상 제외를 하는 몇 가지 공시나 케이스를 소개한다.

사례 1 | 감사보고서 제출 지연

모든 상장 기업에는 숙제가 있다. 실적을 발표하고 그것에 대한 적정성 여부를 외부회계 감사를 받아서 제출해야 한다. 적정성 여부를 판단하여 비적정이라고 판단되면 상장폐지 사유가 된다. 매해 3월은 상장폐지 시즌이다. 그렇지만 빠르면 1월부터 감사보고서가 비적정 혹은 의견거절이라는 풍문이 있다는 이유로 거래정지를 당할 수 있다. 상장폐지가 결정된 주식은 거래일 기준 7일간의 정리매매를 거치게 되는데, 이때 일반적으로 해당 주식은 90% 이상 하락한 가격에 거래된다.

시장에서 쫓겨나지 않으려면 일단 상폐를 당하면 안 된다. 그러나 투자하다 보면 상장폐지 위험에 노출되기 마련이다. 그래서 비중조절이 필요한 것이다. 한 종목에 전 재산을 올인한 상태에서 그 종목이 상장폐지가 된다면 그 사람의 재산은 초기화된다. 생각만 해도 끔찍하다.

1~3월 감사보고서가 제출되기 전까지 감사보고서 비적정이 나올 확률이 높은 종목은 매매하지 않는 것이 안정적이다. 나는 가급

적 이 기간에는 돈을 벌고 있는 기업(흑자 기업)만 매매하는 편이다.

상장기업은 정기 주주총회 일주일 전까지 감사보고서를 제출해야 한다. 그 기한 안에 제출하지 못하면 감사보고서 지연 공시를 해야 한다. 이는 외부회계 감사가 순조롭지 않다는 의미로 해석될 수 있다.

지금은 거래중지 중인 비덴트의 사례를 보자. 2023년 3월 23일, 감사보고서 지연 공시가 뜨고 3월 31일 감사보고서를 제출하였는데 결과는 의견거절이었다. 이후 거래정지되었다. 상장폐지가 될지 거래재개가 될지 모르겠지만, 거래정지 기간 동안 돈이 묶인다. 기회비용이 발생한다는 뜻이다.

비덴트 감사보고서 지연 공시 및 감사보고서 의견거절

물론 감사보고서 지연 이후 감사의견이 적정이 나오면 주가가 급등한다. 하지만 이런 투자는 홀짝매매, 투기이다. 최악의 경우 상장폐지까지 갈 위험을 왜 떠안으려고 하는가? 군이 이런 종목을 매매할 필요가 있을까? 감사보고서 지연 공시가 나오면 관심 종목에서 지우도록 하자. 다시 감사보고서 적정 보고서를 수령하고 나서 매매해도 충분하다.

사례 2 | 주주배정 유상증자

유상증자는 주식을 신규로 발행하고 그 주식을 투자자에게 파는 것이다. 유상증자에는 2가지 케이스가 있다. 첫 번째는 3자에게 주식을 파는 3자배정 유상증자이고 두 번째는 주주에게 주식을 파는 주주배정 유상증자이다.

3자배정 유상증자의 경우 투자를 받는 것으로 해석되기도 하고 일반적으로 1년간 보호예수가 묶이기 때문에 악재로 인식되지 않는다. 반면 주주에게 주식을 파는 '주주배정 유상증자'의 경우 기존 주식의 희석효과가 발생하기 때문에 악재이다.

충분히 매력적인 기업이라면 회사채를 발행하거나 3자유증을 통해 투자를 받는 것이 일반적이다. 기존 주주 입장에서 주주배정 유상증자를 거부할 수 없다. 거부라고 해봐야 유증에 참여하지 않는 것인데, 이는 더 큰 손실이다. 신주는 시장가격에서 할인돼서 반영되기 때문이다.

유상증자 공시 후 주가의 흐름을 살펴보자. 일반적으로 주주배정

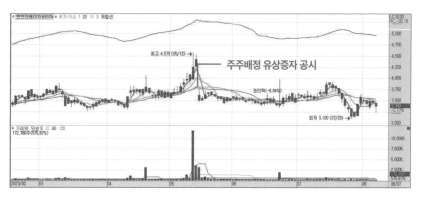

엔브이에이치코리아 일봉차트

유상증자 공시가 발생하면 장중이라면 급락이, 장 마감 후라면 다음 날 갭하락이 나온다. 지지부진한 흐름이 나오고 이후 추가상장 이후에는 물량 부담으로 인해 주가가 오르기 힘든 케이스가 많다.

엔브이에이치코리아 일봉차트를 보자. 주주배정 유상증자 공시 후 주가가 폭락한 것을 확인할 수 있다.

기존 주주였다면 유상증자에는 참여하거나 신주인수권을 파는 편이 좋고 기존에 주식을 가지고 있지 않은 입장에서는 이런 종목을 매매할 필요가 없다. 유상증자에 대한 부정적 효과인 물량 부담이 제거된 후에나 매매를 고려할 수 있다.

유상증자 결정 후 주주들에게 청약을 받고 남은 물량(실권주)은 공모를 한다. 이후 유상증자하는 물량은 일정 기간 후 추가상장된다. 이때도 한 번 주의를 요한다. '유상증자 결정' 공시에 '신주의 상장예정일'이 명시되어 있고 일반적으로 상장예정일 3영업일 전 장

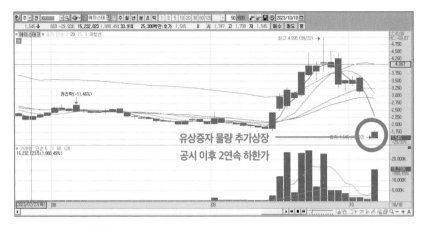

에이스테크 일봉차트

마감 후 추가상장 공시가 뜬다. 유상증자 결정 공시에 상장일을 적
시해 두고 있으므로 미리 상장일을 체크하고 있다면 이런 급작스
러운 하락은 피할 수 있다.

에이스테크 일봉차트를 보면 이러한 흐름이 잘 나타난다. 10월
5일 장 마감 후 유상증자로 인한 추가상장 공시가 떴다. 이후 점하
한가를 기록했으며, 다음날도 갭하락 후 하한가로 마감하였다.

3자배정 유상증자의 경우에도 그 3자가 대기업인 경우가 아니
라면 투자 비중을 줄이거나 매매 대상에서 삭제한다. 3자유증을
미끼로 주가 상승을 일으키고 3자유증을 취소하는 사례를 많이 보
았기 때문이다.

사례 3 | 전환사채, 신주인수권부사채, 교환사채, 주식매수선택권

주주배정 유상증자뿐 아니라 물량 부담으로 주가가 희석되는 경우를 살펴보자. 전환사채, 신주인수권부사채, 교환사채, 주식매수선택권이 그 예이다.

전환사채CB는 회사가 빚을 냈는데 그 빚이 주식으로 전환되는 형태이다. 신주인수권부사채는BW 신주인수권+사채(빚)이다. 사채는 사채대로 있고 신주를 인수할 수 있는 권리warrant가 추가로 붙은 것이다. 교환사채는 해당 회사가 가지고 있는 주식과 교환할 수 있는 권리를 가진 사채이다. 주식매수선택권(스톡옵션Stock Option)이란 회사의 주식을 일정한 기간(행사기간) 내에 미리 정한 가액(행사가액)에 매수할 수 있는 권리를 말한다. 마찬가지로 낮은 매수가를 가진 주식이 상장되기 때문에 악재이다.

전환사채, 신주인수권부사채, 주식매수선택권은 추가상장을 유발하기 때문에 물량 부담이 생긴다. 특히 전환가액이 현재가보다 훨씬 낮은 경우가 대부분이기 때문에 추가상장이 실제 매도로 이어질 확률이 매우 높다. 교환사채도 해당 주식이 상승하면 주식으로 교환될 가능성이 있다. 추가상장이 이루어지지 않고 이미 있는 주식의 소유자가 변경되는 것이지만, 시장에 매물로 나올 가능성이 커진다.

전환사채, 신주인수권부사채, 교환사채는 아래의 흐름대로 진행된다.

- **전환사채**: 증권발행결과(자율공시)(제x회차 CB) → 전환가액의 조정(제x회차 CB) → 전환청구권 행사 → 추가상장
- **신주인수권부사채**: 증권발행결과(자율공시)(제x회차 BW) → 신주인수권 행사가액의 조정(제x회차) → 신주인수권 행사 → 추가상장
- **교환사채**: 교환사채권 발행 결정 → 교환가액의 조정 → 교환청구권 행사

전환사채, 신주인수권부사채, 교환사채 발행 결정 공시 자체가 악재라고 할 순 없다. 그러나 해당 공시 이후 주가가 급등하게 되면 전환사채가 시장에 상장될 수 있기 때문에 이후 악재가 될 수 있다.

특히 유심히 지켜봐야 하는 공시는 전환청구권 행사, 신주인수권 행사, 교환청구권 행사 공시이다. 해당 공시에서 시장에 풀리는 수량을 미리 체크할 수 있고 상장예정일도 나온다. 상장예정일 3일 전 장 마감 후 '추가상장' 공시가 나온다. 주가는 행사 공시에 한 번 하락하고 추가상장 공시가 나오면 한 번 더 빠진다. 그러니 행사 공시 때 대응을 하면 추가상장 공시로 인한 하락은 피할 수 있다.

추가상장 공시가 뜬 이후에는 '권리입고 예정 주식 매도 주문'이 가능하기 때문에 실제 상장일 이틀 전부터 시장에 물량 부담을 야기시킨다. 추가상장 시 추가상장되는 물량이 중요하다. 사실 총주식 수의 1% 미만이면 시장에서 충분히 수용 가능하다. 나의 경우

5%가 넘어가면 관심 종목에서 지우는 편이다.

에스코넥의 전환사채 사례를 보면 이해가 쉽다. 에스코넥은 2022년 5월 20일 전환사채 발행 결정을 했다. 전환가액은 1,361원(이후 더 낮게 조정됨), 전환 가능한 주식 수는 총주식 수 대비 18.15%였다. 이후 2023년 3월부터 주가가 급등한 이후 해당 CB에 대해 전환청구권 행사 공시와 후속으로 추가상장 공시가 뒤따랐다. 물량 부담이 생긴 주식은 이후 주가가 짓눌리는 경향이 있다. 전환청구권 행사 공시에서 상장예정일을 체크하면 추가상장 공시에 대한 하락을 피할 수 있다.

자비스의 신주인수권부사채 사례도 한 번 보자. 자비스는 2021년 6월 28일 '증권발행결과(자율공시)(제6회차 BW)' 공시를 통해 신주인수권부사채를 발행했음을 알린다. 이후 조정을 통해 조정가가 1,982원이 되었다. 사채를 취득한 입장에서는 주가가 1,982원 이상 상승하게 되면 신주인수권을 행사할 가능성이 커진다. 주가가 급등하던 중, 7월 17일(종가 3,750) 해당 BW 물량 중 일부가 행사되었다. 이때 공시를 살펴보면 해당 물량이 실제로 언제 추가상장되는지 알 수 있다. 이후 실제 상장되기 며칠 전 추가상장 공시가 뜨며 주가의 상승을 막는 작용을 한다. BW를 매입한 입장에서는 사채이자도 취하고 주가 상승으로 인한 차익까지 얻게 되는 셈이지만, 기존 주주들이나 신규진입자들은 조심해야 할 구간인 것이다.

사례 4 | 최대주주 변경

당신이 기업의 경영자라면 잘 되고 있고 더 잘 될 거 같은 기업을 매각하겠는가?

2022년 11월 금융감독원이 발표한 '상장폐지 기업의 사전징후 시사점' 자료를 통해 상폐 기업의 특징을 파악할 수 있다. 금감원은 "최대주주 변경 행위는 기업의 경영 안정성과 밀접하게 연관된다"라고 밝혔는데, 금감원에 따르면 상장폐지기업의 최대주주 변경 공시 건수는 상장기업과 비교해 5.4배 많았다.

물론 최대주주가 대기업으로 바뀌면 호재이다. 스타트업의 경우 큰 자금을 받고 창업자가 엑시트Exit 하는 경우가 있다. 그러나 적자기업이나 부실기업의 최대주주 변경 공시는 중간에 엎어지거나 최대주주 변경 후 회사 자금을 빼먹는 경우가 많다. 무자본 M&A의 표적이 될 수 있는 것이다.

그래서 나는 최대주주가 대기업으로 변경되지 않는 이상, 최대주주가 변경된 종목은 당분간 매매하지 않는다. 끝이 좋지 않은 경우를 너무 많이 봐왔기 때문이다.

사례 5 | 임원, 대주주 매도

2021년 카카오페이 상장 이후 대표를 비롯한 임원들이 주식을 블록딜 방식으로 매각하고 큰 시세차익을 봤다. 임원들의 주식 매도가 알려진 후 주가가 폭락했고, 개인투자자들은 큰 손실을 입어 사회적 이슈가 된 적이 있다.

임원, 대주주 매도의 경우 테마주를 거래하다 보면 자주 마주치는 공시이다. 기업가치와 무관하게 테마로 묶여 주가가 급등하다 보니 임원들도 주식을 팔고자 하는 의지가 커진다. 그러나 고점에서 나온 임원이나 대주주 매도 공시는 상승에 찬물을 끼얹는다. 그도 그럴 것이, 회사에 대해 가장 잘 아는 임원이 현 주가를 고점으로 판단하고 있다는 근거가 되기에 주가가 더 올라가기 힘들다.

예를 들면 이런 것이다. 초전도체 관련주로 묶였던 '덕성'이라는 종목이 급등하자 대주주가 주식을 매도했다('덕성, 최대주주 등 소유 주식 수 53,600주 감소'). 대주주가 이미 매도한 후에 뉴스가 나오지만, 추가로 매물이 나올 수도 있고 투자 심리 전반에 악영향을 끼친다. 우리나라 증시에는 주식 매도에 대한 대주주의 사전 공시 의무가 없다. 안타깝게도 사후에 파악할 수밖에 없다(개인적으로 이 부분에 대해선 제도 개선이 필요하다고 생각한다).

이때, 매도한 임원의 지위가 낮거나 물량이 미미한 수준이라면 매매 시 비중을 축소한다. 반대로 임원의 지위가 높거나 수량이 많다면 관심 종목에서 삭제한다.

사례 6 │ 투자주의환기종목, 관리종목

투자주의환기종목이란, 관리종목 내지 상장폐지로 악화될 가능성이 존재하는 '부실 위험 징후기업'으로 지정된 종목을 말한다. 그렇게 지정된 여러 가지가 이유가 있지만, 투자자에게 이유가 중요한가? 위험은 피해 가라. 그냥 거래하지 않으면 된다.

관리종목은 환기종목보다 상태가 더 심각하다는 뜻이다. 부실이 심화되어 상장폐지 기준에 해당될 가능성이 높은 종목을 따로 분리한 것이다. 이것도 그냥 안 하면 된다. 자세한 이유는 알려고 하지 말자. 그냥 지우면 된다.

사례 7 | 자사주 처분

한국 주식의 문제점 중 하나는, 자사주를 사고 난 뒤 이를 소각

자기주식 처분 결정			
1. 처분예정주식(주)		보통주식	306,179
		기타주식	-
2. 처분 대상 주식가격(원)		보통주식	59,595
		기타주식	-
3. 처분예정금액(원)		보통주식	18,246,737,505
		기타주식	-
4. 처분예정기간		시작일	2023년 08월 02일
		종료일	2023년 08월 02일
5. 처분목적			당사 운영자금 조달
6. 처분방법	시장을 통한 매도(주)		-
	시간외대량매매(주)		306,179
	장외처분(주)		-
	기 타(주)		-
7. 위탁투자중개업자			메리츠증권
8. 처분 전 자기주식 보유현황	배당가능이익 범위 내 취득(주)	보통주식	306,179 비율(%) 1.17
		기타주식	- 비율(%) -
	기타취득(주)	보통주식	- 비율(%) -
		기타주식	- 비율(%) -
9. 처분결정일			2023년 08월 01일
- 사외이사참석여부		참석(명)	1
		불참(명)	0
-감사(사외이사가 아닌 감사위원)참석여부			불참
10. 1일 매도 주문수량 한도		보통주식	-
		기타주식	-

자사주 처분 공시

하지 않고 시장에 던진다는 점이다. 임원 매도와 비슷하게 회사의 상태 및 미래를 가장 잘 아는 회사 주체가 매도를 결정했다는 것은 주가가 고평가되었다고 판단할 소지도 있다.

시장에 매물로 나오게 되면 일시적으로 수급의 불균형이 생기기 때문에 당연히 악재이다. 이 경우에도 수량의 많고 적음을 판단하여 매수 시 비중을 줄이거나 관심 종목에서 삭제한다. 이때 자사주 처분예정기간을 확인하자. 이 시기에는 매물 부담이 가중되기 때문에 매매에 주의를 기해야 한다. 이밖에 횡령·배임 이슈도 상폐까지 갈 수 있는 중대한 사안이다. 횡령·배임 이슈가 있는 종목은 관심 종목에서 제외한다.

차트의 관점에서 매매하면 안 되는 종목

'와 드디어 타점 왔다. ○○○ 관련주 몰빵!!'

대선 주자로 거론되는 인물의 테마주를 신나게 매수했는데, 장이 끝나고 뉴스가 뜬다.

'○○○, 대선 불출마 전격 선언… "순수한 뜻 접겠다."'

차트가 엄청나게 좋은 종목이 있는데, 그 종목에 악재가 떴다고 가정해 보자. 더 올라갈 수 있을까? 이를테면 대선 테마주를 매매하는데 관련 대선 주자가 불출마를 선언하면 차트고 뭐고 그 종목은 점하한가 확정이다. 이런 극단적인 경우가 아니라 관련 대선 주자가 말실수하거나 지지율이 떨어지면 차트가 아무리 좋아도 주가가 올라갈 수 없다. 이른바 차티스트들이 가장 크게 당하는 부분이다. 주식을 차트로 모두 설명할 수 없다. 절대로. 차트를 맹목적으로 쫓는 차티스트들이 하는 가장 큰 실수는, 다른 정보들은 모두 무시하고 차트의 관점에서만 주식을 바라보는 것이다. 퀀트도 비슷한 면이 있다. 숫자로 표현되지 않는 부분들을 퀀트가 커버하긴 힘들다.

이런 차트만 좋은 종목들의 특징은 뉴스가 주가의 흐름을 지배한다는 것이다. AI, 2차전지 등 메가 트렌드와 관련된 종목들은 뉴스 플로우에 큰 영향을 받지 않는다. 거대 흐름 안에서 노이즈라고 불리는 소소한 뉴스와 움직임은 있을 수 있지만 대세에 지장은 없다.

반면, 정치테마주, 계절주식, 엔터주식, 게임주, 오염수·질병 관련주 등 단기 이벤트 주식들은 뉴스가 차트를 지배한다. 아무리 좋은 타점이라고 해도 그 당시 악재가 나오면 올라갈 재간이 없다. 재료소멸의 특성도 갖는다.

계절주식이란 특정 계절의 날씨와 관련된 테마로 엮인 종목들이다. 이를테면 '올 여름 무척 더울 것이다'라는 재료로 묶인 테마군으로 선풍기와 에어컨 관련 기기, 부품을 만드는 회사에 투자하는 식이다. 혹은 '올해 여름 장마가 지독할 것이다'라는 재료로 제습기, 환경폐기물 관련 회사들을 투자하는 것이 여기에 속한다. 미세먼지 관련주, 강추위 관련주 등도 이에 속한다. 그런데 예보와 다른 기후환경이 나타나면 그 주식이 오를 재간이 없다. 기우제라도 지낼 텐가? 이런 주식은 차트에 기반하여 투자할 것이 아니라 시세를 줄 때 빠져나오는 것이 현명하다.

엔터주식은 하이브, JYP, SM 등 기획사와 스튜디오드래곤, 초록뱀 등 제작사가 해당한다. 예를 들어 'BTS 빌보드 1위'를 재료로 상승한 종목이 좋은 자리에 왔는데 빌보드 순위가 계속 하락하고 있다면 그 주식이 오를 수가 없다. 뉴스가 차트를 지배하는 것이다. 마찬가지로 '넷플릭스 1위'를 재료로 상승한 종목이 차트적으로 좋은 자리에 왔다고 하더라도 글로벌 순위가 계속 내려간다면? 주가는 올라갈 수 없다. 게임주도 같은 관점이다. 다운로드, 매출 순위나 동시접속자가 오르면 주가는 오르고 반대로 그런 지표가 내리면 주가는 내린다. 차트와는 별개다.

이런 주식을 매매하는 방법은 기대감으로 시세를 주기 시작할 때 매수하여 그것이 현실화하거나 현실화하기 전 주식을 매도하는 것이다. 이런 종목들을 차트의 관점에서 눌림매매를 했다간 반등 없이 연속적인 음봉을 맞게 된다.

다만 코로나19 관련주는 질병 관련주였지만 오랫동안 테마를 유지하며 차트매매도 잘 맞는 편이었다. 워낙 긴 시간 전례 없이 수많은 감염자를 발생시켰고 마스크, 세정 ▶ 백신 ▶ 치료제 ▶ 재

유행으로 이어지며 장기 테마를 형성하여 순환하였다. 나도 당시 코로나19를 기존 질병(메르스 등)과 크게 다르게 생각하지 않아 씨젠 주식선물 매도 포지션을 가졌다가 큰 손실을 보고 말았다. 단기 테마가 장기 테마로 전환되는 것을 간파하지 못한 탓이다.

- 3 -
시간을 축소하라,
직장인이 할 수 있는 단기투자

"9시인데 간단하게 미팅 좀 하지."

"하하하…. 네 부장님…."

왜 부장님들은 출근하자마자 9시부터 회의를 하는 걸까? 미리 출근해서 우리가 오기만을 오매불망 기다리고만 있는 기분이다. 그리고 왜 회의만 다녀오면 내 주식이 박살 나 있는 걸까? 한숨만 나온다.

직장인의 근로시간은 보통 9 to 6(오전 9시~오후 6시)이다. 그리고 주식시장 정규장 시간은 9시~3시 반이다. 회사 근무시간 안에 주식시장은 열리고 끝난다. 예고되지 않은 회의와 유관부서의 호출 때문에 도무지 매매에 집중하기 힘들다. 하지만 회사원의 본업은 투자가 아니기에 마냥 탓만 할 수는 없는 법이다. 그래서 많은 직장인이 단기투자 대신 장기투자를 빙자한 방치투자를 하게 된다. 그러나 성투하고 싶다면 어렵다고 포기할 것이 아니라 제한된 상황에서 해낼 방법을 찾아야 한다.

직장인은 장중에 주식시장을 보거나 매매하는 시간을 최대한 줄여야 한다. 고심하다가 내가 찾은 해답이 바로 '시나리오에 기반한 단기투자'다. 단기매매를 하려면 온종일 모니터 앞에 앉아 있어야 한다고 생각하는가? 아니다. 그런 행동은 뇌동매매만 늘릴 뿐이다. 제한된 환경에서도 충분히 단타를 할 수 있다. 시간이 없다는 이유로 묻지 마 매매, 방치매매를 절대 하지 말기를 바란다. 수면매매, 기도매매도 마찬가지다. 하나님은 우리에게 자유의지를 주셨다. 자유의지를 발현하길 바란다. 주식의 상승이 아니라 마음의 평안을 위해 기도하자.

'시나리오에 기반'한다는 것이 어떤 의미일까? 시나리오는 일반적으로 영화의 각본을 이르는 말로, 영화의 각본에는 대사는 물론 카메라 위치, 조명, 사운드에 대한 사항이 세부적으로 묘사되어 있다. 이 시나리오를 기반으로 영화가 만들어진다. 주식도 마찬가지다. 주식시장이 열리기 전, 어떤 종목을 매매할지 어디서 매수하고 매도할지 미리 정해놓는 것이다. 그리고 그 시나리오대로 다음날 플레이한다. 시나리오는 내가 쓰지만, 실제 매매는 내가 아닌 내 아바타가 하는 것이다. 그 아바타는 증권사 MTS, HTS 기능을 통해 간단하게 구현이 가능하다.

나는 시나리오에 기반한 단기투자의 방법으로 장중 눌림 자동매매, 종가베팅 등을 주력으로 한다. 그리고 가격이 일정 시간 멈춰 있는 단일가 매매도 하나의 기회가 될 수 있다고 생각한다. 시나리오에 기반한 단기투자의 장점은 2가지다. 첫째, 장이 열려 있는 내내 주식 창을 볼 필요가 없다. 단기투자라는 단어를 보면 흔히 스캘퍼Scalper를 떠올린다. 시시각각 변하는 차트와 호가창을 보며 바로 대응해야 수익이 날 것이라고 생각한다. 그러나 이는 선수의 영역이다. 직장인이 할 수 있는 매매가 아니다. 스캘핑이 아닌 눌림매매 형태의 단기매매는 주식 창을 계속 보고 있지 않아도 되므로 직장인의 시나리오 매매에 적합하다. 둘째, 뇌동매매를 피할 수 있다. 시나리오 매매는 전일 정해진 각본대로 플레이하기 때문에 불필요한 매매를 피할 수 있다. 매매 대상이 되는 종목만을 보고 미리 매수, 매도가를 정해놓기 때문에 기계적으로 매매할 수 있다. 손절도 쉽게 할 수 있다.

시나리오 투자를 돕는 자동매매

자동매매는 미리 정해진 기준에 따라 매수도 하고 매도도 하는 방법이다. 앞서 직장인의 투자는 퇴근 후 시작된다고 말하였다. 퇴근 후 미리 내일 매매에 대한 시나리오를 설정하면 그 시나리오대로 매수하고 매도할 수 있다는 뜻이다.

여기서 짚고 가야 할 게 있다. 이 시나리오 매매는 예측을 기반으로 하지 않는다. 내일 해당 종목이 오를 것이지 내릴 것인지를 예측하는 게 아니란 뜻이다. 해당 주식이 오른다면? 혹은 내린다면? 어떻게 매매할지 '대응'하는 것이다.

시나리오대로 매매하기 위해 증권사에서 제공하는 API◆Application Programming Interface를 이용하여 시스템 트레이딩을 구현하거나 MTS, HTS 내에서 제공하는 기능을 사용할 수 있다.

MTS, HTS에서 자동매매를 구현할 수 있는 방법은 2가지로, 예약주문과 자동감시주문이다. 예약주문은 미리 주문을 예약해 증권사가 대신 장 시작 전 주문을 제출하도록 하는 기능이다. 예약매수 기능의 단점은 매수조건과 관계없이 장 시작 전 주문가격으로 주문이 들어가기 때문에 예수금을 잡아먹는다는 것에 있다. 예수금의 한계로 많은 종목을 예약매수 할 수 없다. 매도의 경우에는 수익실현 가격과 손절가격을 동시에 설정할 수 없다는 단점이 있다. 이런 단점을 극복한 방법이 자동감시주문이다.

자동감시주문이란 기 보유종목이나 특정 종목의 감시조건과 주문설정을 저장한 후, 유효기간 동안 증권사 감시 시스템에서 감시

◆ API(응용 프로그램 프로그래밍 인터페이스): 응용 프로그램에서 사용할 수 있도록, 운영 체제나 프로그래밍 언어가 제공하는 기능을 제어할 수 있게 만든 인터페이스를 뜻한다.

를 진행한다. 그리고 감시조건이 충족되는 시점에 자동으로 주문
을 실행하는 기능이다. 자동감시주문은 예약주문과는 다르게 감시
조건에 충족되어야만 실제 주문이 나가기 때문에 예수금을 잡아먹
지 않는다. 자금관리에 용이한 측면이 있으므로 이 방법을 사용할
것을 추천한다.

키움증권 영웅문 MTS 화면을 예시로 자동감시주문 설정 방법을
소개한다. 대부분 증권사의 화면 구성이 비슷하다. 아직 계좌를 개
설하기 전이라면 자동주문이 가능한 증권사를 선택할 것을 권한다.

키움증권 자동감시주문

일단 매매 대상이 되는 종목을 선택한 후 매수조건을 설정한다. 나의 경우 눌림매매[*]를 주로 하기 때문에 '현재가'를 특정가격 '이하'로 설정한다. 돌파매매[*]를 한다면 '이상'으로 설정하면 된다. 이후 주문수량과 주문가격을 설정한다. 반드시 매수가 되게 하려면 주문유형을 '보통'으로 하지 않고 '시장가'로 설정하면 된다. 이후 유효기간을 설정하고 저장한다. 나는 매일 매매타점을 바꾸기 때문에 유효기간을 다음 거래일까지로만 설정한다.

이렇게 조건을 저장하고 감시 시작 버튼을 누르면 조건에 맞을 때 매수 주문이 나간다. 위의 예시대로 설정하면 '갤럭시아머니트리' 현재가가 12,000원 이하로 내려가면 100주 매수 주문이 나가게 되는 것이다.

매도는 주문체결 후(체결 문자/카톡 알림을 설정해 놓자) 개별적으로 매도를 걸어도 되고, 자동감시주문 매도 설정으로도 가능하다. 이미 매수해 놓은 종목이라면 '자동매도' 기능을 쓸 수 있고, 일괄적으로 동일한 조건으로 매도를 하려면 '잔고편입' 기능을 사용하면 된다. 예시의 그림처럼 설정한다면 모든 종목에 대해 5% 이익실현

◆ 눌림매매 : 상승하던 주가가 어느정도 하락이 나온 후 매수하는 매매를 말한다. 정해놓은 가격 이하일 때 매수한다.
◆ 돌파매매 : 특정 가격대를 상향 돌파할 때 매수하는 매매를 말한다. 정해놓은 가격 이상일 때 매수한다.

-5% 손절매도 주문이 나가게 된다.

잔고 편입 자동주문 설정

유연한 시나리오 투자, 시스템 트레이딩

미리 일러두자면 이 부분의 내용이 어렵거나, 자신과 너무 동떨어진다고 느낀다면 건너뛰어도 좋다. 증권사의 자동감시주문을 이용하여 충분히 커버할 수 있으므로 걱정하지 않아도 된다. 나도 초창기에는 자동감시주문을 이용했고 이를 통해서도 꾸준한 수익을 냈다. 이후 설정을 좀 더 빠르고 유연하게 하려고 시스템 트레이딩을 하게 되었을 뿐이다.

시스템 트레이딩은 내가 아닌 컴퓨터를 통해 일정한 매매전략 방식으로 꾸준히 주식을 사고파는 행위를 말한다. 자동감시주문과 목적은 같지만 좀 더 유연한 나만의 HTS를 만든다고 생각하면 좋다. 자동감시주문이 증권사 서버에 조건이 저장되고 주문을 내는 방식이라면, 시스템 트레이딩은 내 컴퓨터에 조건이 저장되고 주문도 컴퓨터가 낸다. 키움증권, 이베스트투자증권, 대신증권, 한국투자증권 등 몇 증권사들이 HTS에 있는 기능들을 API 형태로 제공한다. 증권사 API를 통하여 현재가나 과거 데이터를 얻어 이를 가공해 매매전략을 만들고, 그 전략에 따라 주문을 낼 수 있다.

나의 경우 엑셀 매크로, VBA를 이용해 시스템 트레이딩을 구현했고 이를 통해 매매를 진행하고 있다. 최근 많이 쓰이는 파이썬 등 다른 언어를 통해서도 시스템을 만들 수 있다. 엑셀 VBA를 선택한 이유는 엑셀 내에 수를 다룰 수 있는 함수 등이 이미 잘 구현되어 있어서다. 각자에게 조금 더 편한 언어로 개발하면 된다.

자동감시주문 대비 시스템 트레이딩은 유연하고 빠른 설정이 가능하다는 장점이 있다. 자동감시주문은 가격을 기준으로만 조건 설정이 가능하지만, 시스템 트레이딩은 가격뿐 아니라 거래량, 이동평균선 등 차트 지표를 가지고도 조건을 설정할 수 있다. 구현하기 나름이다. 이를테면 매수 타점을 이동평균선 기준으로 한다면,

자동감시주문의 경우 차트에서 해당 종목의 이동평균선 가격 값을 일일이 확인하여 입력해야 한다. 반면 시스템 트레이딩의 경우 프로그래밍으로 가격을 자동 계산할 수 있다. 따라서 좀 더 빠르게 매매 시나리오 작성이 가능하다. 매도의 경우에도 시스템 트레이딩은 '종가에만 매도한다' 등의 좀 더 유연한 전략 수립이 가능하다.

API를 통한 시스템 트레이딩 구현에는 일정 수준 이상의 프로그래밍 능력이 요구되는 것이 사실이다. 그러나 HTS나 MTS에도 '자동감시주문' 기능을 통해 비슷한 효과를 낼 수 있다. 물론 설정을 위해 손품을 좀 들여야 한다.

하루 10분 화장실 찬스! 종가베팅

종가베팅은 직장인 투자자의 대표적인 제약, 시간을 줄이는 데 효과적인 방법이다. 좋은 종목을 매수한 경우, 당일 시간외단일가에서 상승하거나 다음 날 갭을 크게 먹는 경우가 종종 발생하기 때문에 효율이 좋은 매매이다. 시장에는 종가베팅만으로 큰 수익을 내는 트레이더들이 많다.

종가베팅이란 주식시장의 종료 부근 주식을 매수하는 것을 말한다. 종가 부근에서 매수하기 때문에 장중의 움직임에 휘둘릴 가능성이 없고, 장 막판 10~20분 정도만 투자하기 때문에 직장인에게 부담이 없다. 하루에 10~20분 정도 화장실 찬스만 쓸 수 있으면 된다. 업무 중간의 휴식 시간과 티타임을 아끼고 이 시간에 쏟아붓자.

이르면 장 마감 1시간 전인 2시 30분, 늦으면 3시 20분 동시호가 시간에 시장을 빠르게 파악하여 매수 주문을 넣으면 된다. 장 분위기가 좋다면 좀 이른 시간에 잡는 것이 좋고 그렇지 않다면 종가 부근에 최대한 붙여서 잡는 것도 좋다. 시장이 정말 좋지 않다면 종가베팅 종목을 시가에 예약매수로 잡는 편이 좋다. 갭하락이 발생할 가능성이 높기 때문이다.

짧은 시간 동안 주문을 넣어야 하므로 주도주 위주로 매매 대상을 충분히 압축해 두어야 한다. 그러므로 전일 미리 시장주도주를 관심 종목에 정리하는 작업이 필요하다. 종가베팅도 시나리오에 기반한 매매이다. 해당 시간대에 원하는 조건에 맞을 때만 매수해야 한다.

실수할 수 있기에 화장실 매매를 추천한다. 매매할 수 있는 환경이 아니라면 그날은 종가베팅을 건너뛰면 된다. 업무에 큰 지장을 일으키지 않는 선에서 유연하게 활용하자. 일단 화장실 문을 걸어 잠그고 빠르게 관심 종목의 차트를 돌려본다. 재료가 아직 유효한지 판단한 후 차트와 간략한 수급 사항을 참고하여 매수주문을 넣는다. 매도는 예약매도나 자동감시주문을 활용하면 된다.

나는 주식으로 월급 두 번 받는다

4장

월급 두 번 받는
투자법

주식을 공부하는 방법

- 1 -

"김 과장님, 저 본격적으로 재테크 좀 시작하고 싶은데…
주식 공부 어떻게 해야 해요?"

이런 부류의 질문을 아주 좋아한다. "뭐 사야 해요?"라고 물어보는 사람에게는 해줄 수 있는 말이 없다. 알려주기 싫어서가 아니라, 나도 모르기 때문이다. 그러나 공부하는 법에 대해서는 알려줄 것이 넘쳐난다. 많은 사람이 인생 드라마로 꼽는 〈나의 아저씨〉의 명대사 중 이런 말이 있다. "인생도 어떻게 보면 외력과 내력의 싸움이고 무슨 일이 있어도 내력이 세면 버티는 거야" 이 말처럼 주식 시장에서 버티려면 내력이 있어야 한다. 시중에 나와 있는 기법들이 영원할 리 없다. 중요한 것은 내력이다. 이 내력을 키우는 데 필요한 것이 공부다.

롱런하는 투자자가 되려면 주식 공부를 지속해야 한다. 시장은 장세에 따라 또 제도에 따라 계속 변화한다. 절대 비기라는 건 환상 속에나 존재한다. 공부하는 방법을 알아야 장세에 따라 변하는 시장에 적응할 수 있고 계속 살아남을 수 있다. 원칙을 지키되 유연해야 한다. 내가 주식을 공부하는 방법을 이 장에 모두 공개했다. 자신의 투자에도 한 번 시도해 보기를 권하고 싶다.

유튜브보단 책! 유튜브는 시황 위주로 본다

'제2의 에코프로, 이 종목 곧 2배 오릅니다!'

유튜브는 기본적으로 자극적이다. 그럴 수밖에 없다. 조회 수가 높아야 하므로 자극적인 섬네일과 내용이 주를 이룬다. 인간이라면 누구나 돈에 대한 불안과 과욕이 있다. 이런 상태에서 자극적인 내용은 자극적인 반응을 불러일으킨다. 무지성 매수의 확률이 커진다. 특히 시장이 열리는 시간에 자극적인 유튜브 주식 방송을 듣는 것은 바람직하지 않다. 이런 이유로 난 책을 선호한다. 내가 지금 책을 쓰고 있어서 책이라고 이야기하는 게 아니다. 책이 좋은 점은 차분하게 시간을 가지고 내용을 읽으며 생각할 수 있고, 검증할 수 있어서다.

그렇다면 유튜브를 아예 안 보느냐? 아니다. 즐겨 보는 편이다. 나는 나와는 비교도 되지 않을 만큼의 실력과 실적이 입증된 사람의 유튜브를 본다. 그의 통찰력과 관점을 얻기 위해서다. 가장 조심해야 하는 방송은 개별 종목에 대해 논평하거나 리딩방과 연결된 채널이다. 그런 채널에서 제대로 된 정보를 얻기는 힘들다.

유튜브에서 시황과 관련된 방송을 듣는 것은 도움이 된다. 하루의 시장을 요약해 주고 어떤 이슈가 있었는지 알려주기 때문이다. 이때 개인의 의견이 많이 반영되는 시황 방송은 듣지 않거나 걸러서 듣는다. 객관적인 시장의 마감 상황을 듣고 어떤 재료들이 시장에서 대접을 받는지를 점검한다. 시황을 들으면서 나의 생각과 시장의 생각을 맞춰가는 연습을 한다.

차트만으로 판단하지 않는다

나의 최애 예능 프로그램은 〈나는 솔로〉이다. 상황에 따른 남녀의 심리 변화를 적나라하게 보여주기에 그렇다. 솔로나라에 입소한 남녀는 다른 정보가 차단된 채 거의 외모에 의존한 첫인상 선택을 한다. 그러나 진짜는 그다음 날 시작된다. 외적인 면만 본 결과는 자기소개하고 난 뒤에 판도가 180도 바뀐다. 주식도 마찬가지다. 차트로 대변되는 기술적 분석이 첫인상 선택의 느낌이라면 재료, 재무 등 기본적 분석은 종목의 자기소개이다.

주식 분석 방법으로 기본적 분석Fundamental Analysis과 기술적 분석 Technical Analysis 2가지를 들 수 있다. 현명한 투자자라면 어느 한쪽만 보는 것이 아니라 양쪽 모두를 활용해야 한다. 나는 기술적 분석에 기반하여 투자하는 편에 가깝지만, 종목 선정에 있어서는 기본적 분석을 주로 활용한다.

기본적 분석은 회사의 재무 상태, 경영 전략, 산업 동향 등과 같은 데이터를 분석하여 자산의 가치를 평가하고 투자 판단을 내리는 방법이다. 기본적 분석은 주로 장기적인 관점에서 자산의 가치를 평가하며, 재무 분석이 주를 이룬다.

기술적 분석은 주로 가격 차트와 거래량 데이터를 분석하여 자산의 가격 변동 패턴과 트렌드를 분석하는 방법이다. 차트 분석이 주를 이룬다. 모든 정보가 차트에 녹아 있다고 주장하는 사람들도 많다. 기술적 분석을 공부하는 초창기에는 이런 주장을 나조차도 믿었다. 그러나 경험이 쌓이고 상승장, 횡보장, 하락장을 모두 겪어본 바로는 차트에 모든 정보가 녹아 있다는 말은 맞지 않는다. 노이즈도 정보라고 한다면 모두 녹았다는 말이 맞을 수도 있다. 우리가 해야 할 일은 차트상의 노이즈를 제거하는 것이다.

유명 투자자 유목민이 그의 책 《나의 월급 독립 프로젝트》에서 '차트는 거들뿐이다'라고 말했다. 그러면서 차트는 5% 미만의 비중에 불과하지만 매매 성공률을 5%만 높여주는 것만으로도 다른 요

156

소들과 결합했을 때 큰 위력을 발휘할 수 있다고 하였다. 이런 관점에 전적으로 동의한다. 차트는 모든 정보를 포함하고 있지 않지만, 일정 부분의 정보를 포함하는 것은 맞다. 그렇기에 투자 의사를 결정하는 하나의 수단으로 활용하는 것이 바람직하다. 차트는 주식시장의 데이터 시각화의 관점에서 봐야 한다. 시장 데이터를 빠르게 볼 수 있는 이점이 있기 때문이다.

주식을 공부한다면서 다른 정보를 모두 차단하고 오직 차트만을 기준으로 매매를 결정하면 안 된다. 특히 거래대금이 작고 유통 주식이 적은 종목의 경우 차트는 인위적으로 만들 수 있다.

2023년 4월 24일, 외국계 증권사인 SG증권을 통해 대량 매도 물량이 집중된 8개 종목의 무더기 하한가 사태가 발생했다. 주가조작 의혹이 제기되면서 금융당국과 검찰이 조사에 착수한 상태이다. 이후 영풍제지도 주가조작 의혹이 제기되며 무려 7거래일 연속 하한가를 맞았다. 5만 원대였던 주가가 4천 원대까지 순식간에 하락한 것이다. 해당 종목들을 보면 아름답게 우상향 차트를 '만든' 것을 알 수 있다. 차트만을 기준으로 매매한다면 주가조작된 종목의 폭탄 돌리기에 당첨될 수 있다. 차트뿐 아니라 재료, 거래대금, 재무 정보도 'AND' 조건으로 활용해야 한다.

주식의 속성, 뉴턴의 3법칙

고승덕의 《고변호사의 주식강의》 책에서 그는 주식시장에도 뉴턴의 운동법칙이 유효함을 주장한다. 나 또한 이런 주장에 동의한다. 그렇지만 뉴턴은 주식 투자에서 전 재산의 90%를 잃었을 정도로 큰 패배를 맛보았다. 불세출의 천재에게도 주식은 결코 쉽지 않다. 아마 뉴턴은 자신이 발견한 자연의 법칙을 본인의 주식 매매에 적용하지 못한 것 같다.

제1 법칙 | 관성의 법칙

주식시장에서도 자연의 현상들이 많이 발생한다. 그중 하나가 관성의 법칙으로, 가는 놈이 더 가고 떨어지는 놈이 더 떨어진다. 사실 주식시장에서는 관성이라는 말보다는 '추세'라는 말을 더 많이 쓴다. 긴 추세 안에서 상승과 하락을 반복한다. 이러한 추세를 이용한 매매를 추세추종매매라고 한다. 종목뿐 아니라 시장 전체의 장세도 긴 주기, 짧은 주기로 추세를 그린다. 이에 따라 상승장, 횡보장, 하락장을 구분하기도 한다.

가는 놈이 더 가는 걸 알지만, 사람은 본능적인 두려움에 덜 간 놈을 찾는다. 하지만 시장은 항상 가는 놈을 더 보낸다. 대장주를 매매해야 하는 이유이다.

제2 법칙 | 가속도의 법칙

F=ma

F는 힘, m은 질량, a는 가속도이다.

주식시장에서 힘은 돈, 질량은 시가총액, 가속도는 모멘텀이다. 주식에 돈이 들어오면 주가는 움직인다. 시가총액이 큰 주식이 움직이려면 큰돈이 필요하다. 같은 거래대금을 가진 매수세가 들어온다면 시가총액이 낮은 주식이 더 크고 빠르게 움직인다. 삼성전자를 1% 움직이려면 엄청난 자금이 든다. 같은 자금으로 코스닥 주식은 상한가도 쉽게 보낼 수 있다. 다만, 너무 가벼운 주식은 적은 돈을 가지고 인위적으로 움직일 수 있다. 따라서 거래대금이 붙은 종목에서 놀아야 한다. 같은 주식에 매수세가 점점 가해진다면 주가는 가속도를 가지고 상승한다.

제3 법칙 | 작용-반작용의 법칙

전설적인 투자자 앙드레 코스톨라니 Andre Kostolany 는 주식시장을 강아지와 주인의 산책에 비유했다. 주인은 펀더멘털, 강아지는 주가이다. 산책을 나와 너무 흥분한 강아지(주가)가 저 멀리 뼈다귀(재료)라도 봤다면 주가는 오버슈팅한다. 그러나 언젠가 주가는 주인

(펀더멘털)에 다시 가까워진다.

작용-반작용의 원리도 마찬가지다. 주가가 과매수권에 가면 조정이 나오고 과매도권에 가면 반등이 나오는 것이다. 그러나 이것은 추세를 거스르진 않는다.

내가 생각하는 좋은 주식은 좋은 재료와 나쁘지 않은 재무를 가지면서 시장의 힘에 의해 강한 상승을 보이는 종목이다. 이런 종목은 관성의 법칙으로 계속 올라갈 가능성이 높으며 작용-반작용의 법칙으로 하락 후 반등할 가능성이 높다. 쉽게 흥분하는 강아지는 주인과 가까워지더라도 다시 튀어 나갈 수 있는 원리와 비슷하다.

파동을 보는 법

파동의 사전적 의미는 이렇다. '어떤 한 곳의 에너지가 흔들림을 통해 다른 곳으로 전달되어 나가는 것'이 파동이다. 간단히 '파'라고도 한다. 주식시장에서 나름의 의미를 해석해 보겠다.

시장에서의 에너지는 돈, 바로 거래대금이다. 그리고 그 에너지는 양방향으로 작용한다. 매수의 에너지와 매도의 에너지. 그리고 매수의 에너지가 매도의 에너지를 압도할 때 장대양봉이 발생한다. 즉, 상승의 에너지가 압도적인 상태라면 차트에 거래대금 실린 장대양봉으로 나타난다. 시장에서 이 에너지가 전달되는 형태는 2가지이다.

첫째, 에너지는 동일 테마의 다른 종목이나 다른 테마의 종목군으로 전달된다. 나는 이런 매매를 잘 하지 않지만, 동일 테마 내 에너지 이동을 이용해서 짝짓기 매매를 하는 사람들도 있다. 주식시장에서 에너지의 총합(시장 전체의 거래대금)이 크게 변하지 않기 때문에 한쪽에 큰 에너지가 발생하면 다른 쪽의 에너지가 줄어든다. 2차전지 관련주가 강한 날 반도체 주식들은 대체로 쉬어간다. 그리고 시장 전체의 에너지가 강하다면 시간 간격을 두고 다른 테마로 이 에너지가 전달된다. 이것이 순환매이다.

둘째, 시간을 축으로 에너지가 전달되는 것이다. 큰 파동을 만든 주가는 그 크기가 점점 작아지지만, 시간이 지나서도 파동을 만들어낸다. 큰 파동을 얻은 주가가 조정을 보이더라도 작은 파동으로 인해 반등을 보인다. 눌림매매는 주로 이런 작은 파동의 반등을 먹

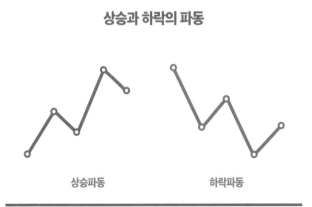

상승과 하락의 파동

상승파동   하락파동

는 것이다. 파동이 아주 약한 장도 있다. 그런 장은 시장 전체의 거래대금이 많지 않고 뚜렷한 주도주가 없는 시장이다. 예를 들자면 2023년 9월, 10월과 같은 장세이다. 파동이 살아 있는 시장, 종목에서 매매해야 확률이 높아진다.

내가 잡은 매수타점 부근에서 파동이 나왔다면 매매를 포기하는 편이 좋다. 이미 반등이 나온 종목을 무리하게 매매하면 물릴 가능성이 높다. 진폭이 큰 종목에서 놀아야 한다. 진폭은 위아래로의 움직임이다. 매매의 기회가 많은 주식이라고 할 수 있다. 아무도 관심을 기울이지 않는, 움직임이 없는 종목을 매매하면 수수료만 나갈 뿐이다.

내가 사용하는 지표

시장에는 이미 수많은 기법이 존재한다. 그리고 수많은 선과 보조지표 또한 존재한다. 주식 초보일 때 다양한 지표에 의존해 본 적이 있다. 추세지표인 MACD moving average convergence divergence, 스토캐스틱 Stochastic, 모멘텀지표인 이격도, 오실레이터 Oscillator, RSI, 가격지표인 가격이동평균 Moving Average, 볼린저밴드 Bollinger Bands, 엔벨로프 Envelope 등 수많은 지표를 사용해 보았다. 주식은 차트로 모두 설명 가능하다고 믿었기 때문이다. 그러나 시장은 그렇게 흘러가지 않았다.

그럼에도 불구하고 선과 보조지표에 의존해 투자하는 사람이 많다. 왜 그럴까? 안정감을 주기 때문이다. 주식을 사서 물렸는데 그 밑에 선이 있으면 안심이 된다. 그러나 그건 심리적 안심일 뿐이다. 심리적 안정감은 손절을 힘들게 만들고 계속된 물타기만을 야기시킬 뿐이다. 물타기 하다 대주주 된다.

차트를 맹신하지 말자. 주식시장이 단지 차트로만 설명이 가능한 단순한 장이고, 어느 선에 닿기만 하면 반등이 나온다는 논리라면 벌지 못할 사람이 누가 있겠는가. 장세나 주식 제도에 따라 얼마든지 반등선은 변할 수 있다.

차트는 유용하지만 그것이 전부는 아니라고 거듭 강조했다. 본인에게 맞는 차트 지표 한두 개만 활용해 원칙 있고 확률 높은 매매를 만들어가면 된다. 내가 쓰는 지표는 가격이동평균선, 엔벨로프 뿐이다. 나는 이런 지표 사용에 있어 디폴트 옵션을 사용하지 않는다. 내가 주로 매매하는 종목들의 특성에 맞춰 그 값을 변경한다. 일단 기본적인 용어와 디폴트 값, 그의 의미를 설명하려고 한다.

기억하자. 지표들을 쓰는 이유는 매매의 기준을 삼기 위함이지, 이것이 마법이어서가 아니다. 기준이 있어야 감정에 휘둘리지 않는다. 그러나 기준이 너무 많으면 혼란스럽다. 매매는 단순해야 한다.

지표 1 | 가격이동평균선

직장인도 일간, 주간, 월간 업무보고를 하듯 주식시장도 이런 통계를 차트로 표현한다. 가격이동평균선은 일정 기간의 종가Close의 평균을 낸 것을 선으로 이은 것이다. 이렇게 어려운 주식시장에서 평균 같은 단순한 이론을 얘기하니 당황스러운가? 그러나 대부분의 고수는 이평선(일반적으로 이동평균선을 '이평선'으로 줄여서 표현한다)만 보고 매매를 한다.

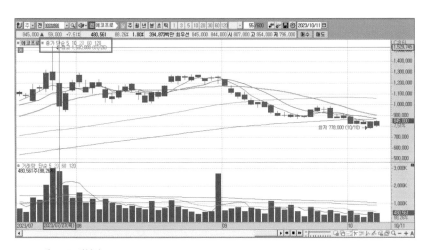

에코프로 일봉차트

HTS나 MTS를 처음 켜고 주식 차트를 보면 보통 5일선, 10일선, 20일선, 60일선, 120일선이 기본으로 설정되어 있다. 주식시장은 우리가 출근하는 날만 열린다. 토요일, 일요일을 제외하고 주 5회

열린다. 5일선은 일주일간의 종가 평균, 10일선은 2주일간 종가의 평균, 20일선은 한 달간 종가의 평균, 60일선은 1분기 종가의 평균이다.

주가가 우상향하면 이평선들이 정배열된다. 정배열이 된다는 것은 5일선이 20일선 위에 있고 20일선이 60일선 위에 있는 것이다. 반대로 주가가 우하향하면 이평선이 역배열이 된다. 역배열은 정배열과는 반대로 장기이평선이 단기이평선보다 위에 있다.

매매는 정배열 종목에서 해야 한다. 역배열 종목들이 올라가려면 수많은 매물을 맞이해야 한다. '본전까지 오기만 해봐라, 내가 바로 판다'라며 벼르는 수많은 사람의 매물이 겹겹이 쌓여 있는 것이다.

이평선을 기준으로 주가가 이평선을 위로 통과하면 골든크로

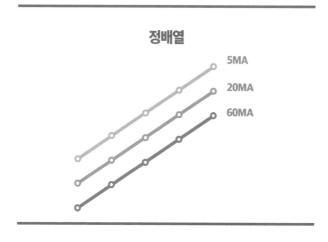

정배열

5MA
20MA
60MA

스, 아래로 통과하면 데드크로스라고 한다. 골든크로스에서 매수, 데드크로스에서 매도한다고 해서 수익이 날 만큼 호락호락한 시장이 아니다. 그러니 꼭 통계를 내는 작업을 해보길 바란다. 수익 여부를 떠나 이런 용어는 주식하는 사람이라면 당연히 알고 있어야 한다. 쓰고 안 쓰고는 그다음이다.

지표 2 | 엔벨로프

주식은 평균으로 회귀한다. 사람이 참여하는 시장이기 때문에 그 평균으로부터 벗어나기도 한다. 위로 벗어나면 과매수 구간, 아래로 벗어나면 과매도 구간이다. '평균으로부터 얼마나 벗어났나'를 볼 수 있는 보조지표가 엔벨로프이다.

엔벨로프는 봉투라는 뜻이다. 주가를 봉투에 가두는 느낌으로 작명한 것이 아닌가 싶다. 엔벨로프는 이동평균선을 기준으로 상단 추세선 upper bound 과 하단 추세선 lower bound 을 그은 것이다. 엔벨로프를 통해 주식의 과매수와 과매도를 파악한다. HTS나 MTS 상에 기본으로 보이진 않고 차트 설정에서 추가하면 기본 차트 위에 그려진다.

엔벨로프의 기본 설정값은 (20, 6)이다. 이것의 의미는 20일선을 기준값으로 저항선 +6%, 지지선 -6%의 선을 그은 것이다. 말 그대로 저항선은 주가 밴드의 상단으로 보고 저항선을 뚫으면 과열, 지지선을 주가 밴드의 하단으로 보고 저항선을 아래로 뚫으면 과

지선
최고 1,539,000 (07/26) →
LC:77,56
HC:-42,43
20MA+6%
20MA
886,000
0.68%
20MA-6%

에코프로 엔벨로프

매도권으로 판단한다.

이평선과 마찬가지로 디폴트 세팅에서 저항선에서 매도, 지지선에서 매수하면 될 것 같은가? 그렇게 매매한다면 당신은 상승 초입에 매도하게 되고 하락 초기 단계에 매수하게 된다. 6%가 맞는 종목이 있을 수 있고 10%, 20%가 맞을 종목이 있다. 본인이 매매하는 종목의 특성에 맞게 변화해서 사용해야 한다.

내가 살펴보는 항목들

항목 1 | 재무: 돈을 벌고 있긴 한가?

난 20년 넘게 주식을 하면서 거래정지는 두 번 당한 적이 있어

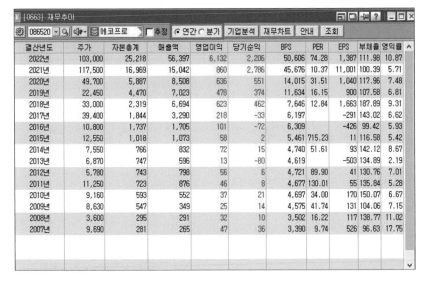

| [0663] 재무추이 | 086520 ▾ 🔍 | 에코프로 | ☐ 추정 ⦿ 연간 ⦾ 분기 | 기업분석 | 재무차트 | 안내 | 조회 |

결산년도	주가	자본총계	매출액	영업이익	당기순익	BPS	PER	EPS	부채율	영익률
2022년	103,000	25,218	56,397	6,132	2,206	50,606	74.28	1,387	111.98	10.87
2021년	117,500	16,969	15,042	860	2,786	45,676	10.37	11,001	100.39	5.71
2020년	49,700	5,887	8,508	636	551	14,015	31.51	1,040	117.96	7.48
2019년	22,450	4,470	7,023	478	374	11,634	16.15	900	107.58	6.81
2018년	33,000	2,319	6,694	623	462	7,646	12.84	1,663	187.89	9.31
2017년	39,400	1,844	3,290	218	-33	6,197		-291	143.02	6.62
2016년	10,800	1,737	1,705	101	-72	6,309		-426	99.42	5.93
2015년	12,550	1,018	1,073	58	2	5,461	715.23	11	116.58	5.42
2014년	7,550	766	832	72	15	4,740	51.61	93	142.12	8.67
2013년	6,870	747	596	13	-80	4,619		-503	134.89	2.19
2012년	5,780	743	798	56	6	4,721	89.90	41	130.76	7.01
2011년	11,250	723	876	46	8	4,677	130.01	55	135.84	5.28
2010년	9,160	593	552	37	21	4,697	34.00	170	150.07	6.67
2009년	8,630	547	349	25	14	4,575	41.74	131	104.06	7.15
2008년	3,600	295	291	32	10	3,502	16.22	117	138.77	11.02
2007년	9,690	281	265	47	36	3,390	9.74	526	96.63	17.75

에코프로 연간 재무추이

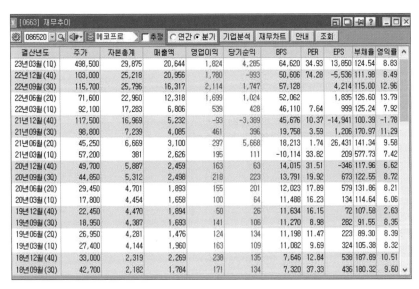

| [0663] 재무추이 | 086520 ▾ 🔍 | 에코프로 | ☐ 추정 ⦾ 연간 ⦿ 분기 | 기업분석 | 재무차트 | 안내 | 조회 |

결산년도	주가	자본총계	매출액	영업이익	당기순익	BPS	PER	EPS	부채율	영익률
23년 03월 (1Q)	498,500	29,875	20,644	1,824	4,285	64,620	34.93	13,850	124.54	8.83
22년 12월 (4Q)	103,000	25,218	20,956	1,780	-993	50,606	74.28	-5,536	111.98	8.49
22년 09월 (3Q)	115,700	25,796	16,317	2,114	1,747	57,128		4,214	115.00	12.96
22년 06월 (2Q)	71,600	22,960	12,318	1,699	1,024	52,062		1,835	126.60	13.79
22년 03월 (1Q)	92,100	17,283	6,806	539	428	46,110	7.64	999	125.24	7.92
21년 12월 (4Q)	117,500	16,969	5,232	-93	-3,389	45,676	10.37	-14,941	100.39	-1.78
21년 09월 (3Q)	98,800	7,239	4,085	461	396	19,758	3.59	1,206	170.97	11.29
21년 06월 (2Q)	45,250	6,669	3,100	297	5,668	18,213	1.74	26,431	141.34	9.58
21년 03월 (1Q)	57,200	381	2,626	195	111	-10,114	33.82	209	577.73	7.42
20년 12월 (4Q)	49,700	5,887	2,459	163	63	14,015	31.51	-346	117.96	6.62
20년 09월 (3Q)	44,850	5,312	2,498	218	223	13,791	19.92	673	122.55	8.72
20년 06월 (2Q)	29,450	4,701	1,893	155	201	12,023	17.89	579	131.86	8.21
20년 03월 (1Q)	17,800	4,454	1,658	100	64	11,488	16.23	134	114.64	6.06
19년 12월 (4Q)	22,450	4,470	1,894	50	26	11,634	16.15	72	107.58	2.63
19년 09월 (3Q)	18,950	4,387	1,693	141	106	11,270	8.98	282	91.55	8.35
19년 06월 (2Q)	26,950	4,281	1,476	124	134	11,198	11.47	223	89.30	8.39
19년 03월 (1Q)	27,400	4,144	1,960	163	109	11,082	9.69	324	105.38	8.32
18년 12월 (4Q)	33,000	2,319	2,269	238	135	7,646	12.84	538	187.89	10.51
18년 09월 (3Q)	42,700	2,182	1,784	171	134	7,320	37.33	436	180.32	9.60

에코프로 분기 재무추이

도 아직 상장폐지를 당해본 적이 없다. 상장폐지를 당하지 않으려면 단기매매를 하는 사람도 재무를 고려해야 한다. 극단적으로 이야기하자면, 매매하는 동안 회사가 망하면 안 되지 않나. 그리고 재무적으로 좋지 않은 회사들은 앞서 소개한 악재 공시가 자주 뜬다. 그래서 트레이딩 관점에서 투자하는 사람들도 재무를 봐야 한다. 그렇다고 PER(주가수익비율Price Earnings Ratio), PBR(주당순자산비율 Price to Book Ratio) 등 재무적 지표를 세세하게 볼 필요는 없다.

가장 최근 분기나 직전 연도의 영업이익, 순이익 등이 흑자인지 적자인지 정도를 파악한다. 키움증권 기준 '[0663] 재무추이'를 통해 해당 기업의 재무 상태를 대략적으로 파악할 수 있다. 만약 적자라면 매매 시 투입 비중을 줄인다. 또한 공시를 좀 더 주의 깊게 살펴본다.

에코프로와 같이 연간, 분기 영업이익, 당기순익이 흑자를 보이는 경우 투입 비중에 있어 재무적으로 차감 요소가 없다. 반대로 재무가 좋지 않은 종목이라면 자금 투입 비중을 줄인다. 특히 1~3월은 상장폐지 시즌으로 상폐의 위험을 최소화하기 위해 이때 적자 종목들은 가급적 매매 대상에서 제외한다.

항목 2 | 수급

투자의 대가 워런 버핏Warren Buffett 이 매수했다고 하면 주가는 오른다. 그가 샀다고 해서 그 회사의 실적이 오르는 것도 아닌데 그렇다. 주식시장은 그런 곳이다.

수급은 수요와 공급이라는 의미이다. 공급(매도세)보다 수요(매
수세)가 많으면 주식은 상승하고 수요보다 공급이 많으면 주식은
하락한다. 엄밀히 말해 시장은 항상 매도와 매수가 동일하다. 여기
서 말하는 매수세는 위로 사려고 하는 힘(시장가, 매도 1호가 이상으로
사려는 매수세)을 말하고 매도세는 아래로 팔려고 하는 힘(시장가, 매
수 1호가 이하로 팔려는 매도세)을 말한다. 그리고 이 매도세나 매수세
는 뭉쳐서 나타나면 큰 힘을 발휘한다. 동학개미운동 이후 개인의
매수세도 좀 더 집단적인 형태로 나타나기도 하지만, 여전히 주식
시장에서는 기관이나 외국인 매수세나 매도세를 더 눈여겨본다.

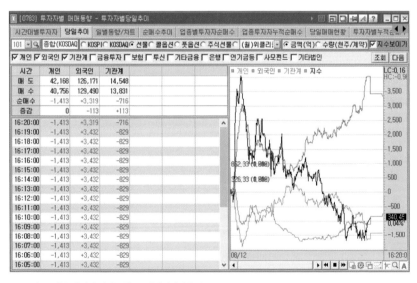

[0783] 투자자별 매매동향 - 투자자별당일추이

개별종목의 급등 시기에 개인의 폭발적 매수세는 오버슈팅을 만들어내기도 하기에 외국인, 기관 수급에 지나치게 큰 의미를 부여할 필요는 없다. 다만 눌림목에서는 기관과 외국인의 수급은 참고할 필요가 있다. 우량주를 투자하는 경우라면 수급이 주가에 큰 영향을 끼치므로 관심 있게 봐야 한다.

시장 전체의 당일 추이를 보기 위해서는 '[0783] 투자자별 매매동향 - 투자자별당일추이'를 보면 되고 일별 동향을 보려면 '[0784] 투자자별 매매동향 - 일별동향/차트' 화면을 보면 된다.

코스피, 코스닥, 선물의 투자자별 매매동향을 모두 보는 것이 좋고 3가지 시장의 매매동향이 양매도를 보이거나 코스피에서 외국인과 기관의 순매도 합계가 1조 원이 넘으면 시장의 추세적 하락을 염두에 둔다.

개별종목의 수급 상황을 보려면 '[0799] 종목별투자자2' 화면을 보면 된다. 매수하기에 좋은 위치에서 수급 상황마저 좋다면 금상 첨화이다.

전체 시장이 아닌 개별 종목의 장중 실시간 수급을 볼 수 있는 화면은 없다. 잠정적 집계를 내기도 하지만 정확하지 않기 때문에 믿을 것이 못 된다. 외국인이 주로 프로그램매매[◆]를 통해 매수하는 경우가 많기 때문에 프로그램 매수현황을 보면 도움이 된다.

◆ 프로그램매매: 15개 이상의 종목을 컴퓨터를 통해 동시에 매매하는 경우를 이름.

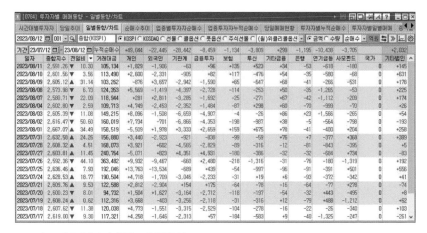

일자	종합지수	전일비	거래대금	개인	외국인	기관계	금융투자	보험	투신	기타금융	은행	연기금등	사모펀드	국가	기타법인
기간 23/07/12 ~ 23/08/12 누적순매수				+49,044	-22,445	-28,442	-8,459	-1,134	-3,809	+299	-1,195	-10,438	-3,705		+2,032
2023/08/11	2,591.26 ▼	10.30	105,134	-1,906		-63	+96	+135	+523	+34	-53	-618	-180	0	+145
2023/08/10	2,601.56 ▼	3.56	113,490	+2,600	-2,331	-905	+82	+117	-476	+54	-35	-580	-68	0	+631
2023/08/09	2,605.12 ▲	31.14	103,262	-876	+3,657	-2,942	-1,590	+65	-647	+68	-41	-266	-531	0	+178
2023/08/08	2,573.98 ▼	6.73	124,353	+5,569	-1,419	-4,397	-2,728	-114	-253	+50	-35	-1,265	-53	0	+225
2023/08/07	2,580.71 ▼	22.09	118,944	+281	+2,811	-3,285	-1,692	-25	-271	+67	-42	-1,112	-209	0	+174
2023/08/04	2,602.80 ▼	2.59	109,713	+4,749	-2,453	-2,352	-1,484	-87	+298	+60	-70	-999	-70	0	+26
2023/08/03	2,605.39 ▼	11.08	149,215	+8,096	-1,508	-6,659	-4,907	-4	-26	+86	+23	-1,566	-265	0	+54
2023/08/02	2,616.47 ▼	50.60	160,019	+7,734	-701	-6,866	-4,353	-198	-987	+38	-5	-564	-798	0	-193
2023/08/01	2,667.07 ▲	34.49	158,519	-5,509	+1,978	+3,333	+2,659	+159	+675	+78	-41	-400	+204	0	+258
2023/07/31	2,632.58 ▲	24.26	156,880	-3,440	-2,923	-921	-836	-99	-59	+76	+7	-377	+368	0	+389
2023/07/28	2,608.32 ▲	4.51	168,073	+3,921	+602	-4,565	-2,829	-89	-316	-12	-81	-843	-395	0	+5
2023/07/27	2,603.81 ▲	11.45	240,764	-5,071	+823	+4,351	+4,931	-180	-386	-32	-32	-684	-74	0	-83
2023/07/26	2,592.36 ▼	44.10	363,482	+9,932	-9,467	-660	+2,480	-218	-1,316	-31	-76	-180	-1,319	0	+192
2023/07/25	2,636.46 ▲	7.93	192,046	+13,763	-13,534	-689	+439	-54	-997	-96	-91	-391	+501	0	+556
2023/07/24	2,628.53 ▲	18.77	190,504	-1,709	-3,046	-2,233	-31	+19	+6	-93	-372	-342	0	+41
2023/07/21	2,609.76 ▲	9.53	122,588	+2,812	-2,904	+154	+175	-64	-78	-16	-64	-77	+278	0	-74
2023/07/20	2,600.23 ▼	8.01	94,732	+1,504	+1,627	-3,164	-2,712	-118	-197	-54	-32	+443	-495	0	+49
2023/07/19	2,608.24 ▲	0.62	112,316	+3,668	-403	-3,256	-2,118	-31	-316	+12	-79	+488	-1,212	0	+62
2023/07/18	2,607.62 ▼	11.38	120,038	+4,773	-1,551	-3,315	-2,529	-104	-278	-16	-22	-26	-340	0	+103
2023/07/17	2,619.00 ▼	9.30	117,321	+4,258	-1,646	-2,313	+57	-184	-583	+9	-40	-1,325	-247	0	-261

[0784] 투자자별 매매동향 - 일별동향/차트

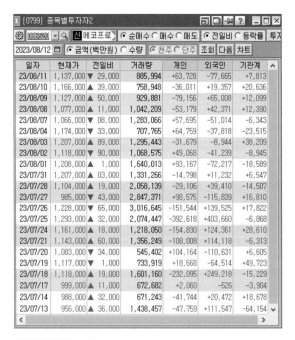

일자	현재가	전일비	거래량	개인	외국인	기관계
23/08/11	1,137,000 ▼	29,000	885,994	+63,728	-77,665	+7,813
23/08/10	1,166,000 ▲	39,000	758,948	-36,011	+19,357	+20,636
23/08/09	1,127,000 ▲	50,000	929,881	-79,156	+65,008	+12,099
23/08/08	1,077,000 ▲	11,000	1,042,209	-53,179	+42,371	+12,390
23/08/07	1,066,000 ▼	08,000	1,283,066	+57,695	-51,014	-6,343
23/08/04	1,174,000 ▼	33,000	707,765	+64,759	-37,818	-23,515
23/08/03	1,207,000 ▲	89,000	1,295,443	-31,679	-8,944	+38,209
23/08/02	1,118,000 ▼	90,000	1,068,575	+49,068	-41,239	-8,945
23/08/01	1,208,000 ▲	1,000	1,640,013	+93,167	-72,217	-18,589
23/07/31	1,207,000 ▲	03,000	1,331,266	-14,798	+11,232	+6,547
23/07/28	1,104,000 ▲	19,000	2,058,139	-29,106	+39,410	-14,507
23/07/27	985,000 ▲	43,000	2,847,371	+98,575	-115,839	+16,810
23/07/26	1,228,000 ▼	65,000	3,016,645	-151,544	+139,525	+17,822
23/07/25	1,293,000 ▲	32,000	2,074,447	-392,618	+403,660	-6,868
23/07/24	1,161,000 ▲	18,000	1,218,050	-154,830	+124,361	+28,610
23/07/21	1,143,000 ▲	60,000	1,356,249	-108,008	+114,118	-6,313
23/07/20	1,083,000 ▼	34,000	545,402	+104,164	-110,631	+6,605
23/07/19	1,117,000 ▼	1,000	733,919	+18,668	-64,514	+49,723
23/07/18	1,118,000 ▲	19,000	1,601,160	-232,095	+249,218	-15,229
23/07/17	999,000 ▲	11,000	672,682	+2,060	-526	-3,904
23/07/14	988,000 ▲	32,000	671,243	-41,744	+20,472	+18,678
23/07/13	956,000 ▲	36,000	1,438,457	-47,759	+111,547	-64,154

[0799] 종목별투자자2

시간	현재가	전일대비	등락률	거래량	프로그램매매 (단위:주,백만원)			
					매도금액	매수금액	순매수금액	순매수증감
15:30:29	1,137,000	▼ 29,000	-2.49	872,216	184,781	125,755	-59,026	3,128
15:30:09	1,141,000	▼ 25,000	-2.14	860,695	184,567	122,413	-62,154	
15:29:52	1,141,000	▼ 25,000	-2.14	860,695	184,567	122,413	-62,154	
15:29:42	1,141,000	▼ 25,000	-2.14	860,695	184,567	122,413	-62,154	
15:28:59	1,141,000	▼ 25,000	-2.14	860,695	184,567	122,413	-62,154	
15:21:38	1,141,000	▼ 25,000	-2.14	860,695	184,567	122,413	-62,154	
15:21:03	1,141,000	▼ 25,000	-2.14	860,695	184,567	122,413	-62,154	
15:20:46	1,141,000	▼ 25,000	-2.14	860,695	184,567	122,413	-62,154	
15:20:36	1,141,000	▼ 25,000	-2.14	860,695	184,567	122,413	-62,154	
15:20:11	1,141,000	▼ 25,000	-2.14	860,695	184,567	122,413	-62,154	
15:20:03	1,141,000	▼ 25,000	-2.14	860,695	184,567	122,413	-62,154	-213
15:19:52	1,141,000	▼ 25,000	-2.14	860,290	184,354	122,413	-61,941	1
15:19:40	1,140,000	▼ 26,000	-2.23	859,839	184,352	122,410	-61,942	105
15:19:26	1,139,000	▼ 27,000	-2.32	858,552	184,352	122,305	-62,047	127
15:19:11	1,140,000	▼ 26,000	-2.23	858,092	184,350	122,176	-62,174	53
15:19:01	1,139,000	▼ 27,000	-2.32	857,667	184,323	122,096	-62,227	7
15:18:55	1,139,000	▼ 27,000	-2.32	857,514	184,322	122,088	-62,234	4
15:18:46	1,139,000	▼ 27,000	-2.32	857,289	184,321	122,083	-62,238	8

[0778] 프로그램매매 - 종목일별 프로그램매매추이

다만 프로그램매매의 경우 급등락 구간에서는 순식간에 매수세가 매도세로 바뀔 수 있으므로 주의를 요한다.

항목 3 | 통계

"주식시장은 확신을 요구하며, 확신이 없는 사람들은 반드시 희생된다."

– 피터 린치Peter Lynch

난 기계적으로 매매한다. 전일 내가 만들어놓은 시나리오대로 당일 매수하고 매도한다. 기계적으로 매매할 힘은 어디서 나올까?

바로 성공 경험이다. 작은 성공(수익) 경험의 반복이 기계적으로 움직일 수 있게 해준다. 물론 그중에 실패(손절)도 있다. 그러나 실패보다 성공이 훨씬 많으므로 믿고 매매할 수 있는 것이다. 그것의 수학적 개념이 확률이다.

직장인의 투자는 확률과 통계 관점에서 접근해야 한다. 장중에 일어나는 호재나 악재에 모두 대비할 수 없는 것이 직장인이다. 그리고 모든 호재와 악재에 대비하는 것이 결과적으로 좋으리라는 보장이 없다.

결국 통계 작업을 거치며 확률이 높은 매매 방법을 만들어야 한다. 확률이 높은 매매 방법을 가지고 계속 매매하다 보면 계좌는 자연스레 우상향한다. 확률을 믿으면 손절이 쉽다. 내가 이 종목에서 손절하더라도 확률적으로 다른 종목에서 더 많이 벌 것이라는 믿음이 생기면 망설이지 않게 된다.

매매를 하기 전 엑셀을 통해 통계를 내보자. 확률적 매매를 한다는 것은 과거의 매매 확률이 미래에도 이어질 것이라는 전제에서 출발한다. 매매하고 난 후에는 복기라는 이름으로 통계화해야 한다.

이 책뿐 아니라 다른 책이나 유튜브 등에서 본 주식 매매 방법을 검증하기 위해서도 반드시 통계 작업을 하자. 과거 데이터를 기반으로 통계를 내었는데 수익을 낼 수 있는 구조일 때 실제 매매에 임하는 것이다.

재료, 차트, 거래대금, 등락률 등을 기준으로 잡고 과거 데이터를 기반으로 내가 선정한 타점에서 매매했더라면 수익이 났을지 손실이 났을지 엑셀에 적어 내려가 보자. 100개 이상 종목에 대해 통계를 내보고 확률을 계산해 보자. 손익비가 비슷하다면 최소 70% 이상의 확률이 나와야 승산이 있다. 왜냐하면 매매에는 수수료, 세금 등 비용이 발생하고 매매 시 슬리피지slippage◆가 발생하기 마련이다. 역으로 70%의 확률을 고정해 놓고 이를 달성하기 위해서 수익률, 손절률, 최대보유일 수 등을 설정할 수 있다.

되도록 통계를 낼 때 상승장뿐 아니라 횡보장이나 하락장 때의 통계도 내 볼 필요가 있다. 통계를 너무 짧은 시기로 한정하면 지나치게 특정 장세에만 적용되는 매매 기준이 될 수 있기 때문이다.

이렇게 통계분석을 통해 매매 방법을 어느 정도 일반화시켜야 한다. 모든 종목에 다른 매매의 방법을 적용하게 되면 관리가 어렵다. 확률 70% 이상의 일반화된 방법을 만들어 매매에 활용해야 한다.

실전이 곧 공부다

"CCTV라도 달렸나? 맨날 내가 사면 떨어지고 내가 팔면 올라."
진짜다. 누가 날 보는 거 같다. 내가 사면 떨어지고 내가 팔면 오

◆　슬리피지: 예상한 가격과 실제 체결된 가격 사이에 발생하는 차이

른다. 매매하면서 가장 고통스러운 순간은 매수한 것이 수익이 안 날 때가 아니라, 내가 매도한 게 날아가는 걸 지켜보는 일이다. 어떤 일이든 눈으로 보는 것과 실제로 하는 것은 괴리가 있다. 이는 투자도 마찬가지다. 모의투자를 해보는 것은 나쁘지 않다. 그러나 모의투자를 통해 어느 정도 검증이 된다면 실전으로 연습을 해보길 추천한다.

모의투자는 실전 같아 보이지만 실전이 아니다. 실제 매매에서는 매도 주문이 나가도 안 팔리는 경우가 있다. 반대로 매수 주문을 내도 안 사지는 경우도 있다. 그러나 모의투자는 그렇지 않다. 주문이 나가고 그 호가에 한 건이라도 실제로 체결되면 모의투자는 거래가 된다.

그보다 더 큰 문제가 있다. 모의투자는 심리가 전혀 반영되지 않는다. 손실이 나도 아프지 않고 수익이 나도 기쁘지 않다. 주식시장에서 심리의 영향은 막대하다. 주식을 잘하려면 자신의 심리를 잘 통제하고 시장 안에 있는 대중의 심리를 잘 활용해야 한다. 심리로 인해 일어나는 주식시장 현상 몇 가지를 살펴보자.

- **버블 현상**: 주식시장에서 버블은 주가가 실제 가치보다 훨씬 높게 평가될 때 발생한다. 버블 현상은 일반적으로 심리적인 탐욕과 불안정한 시장 참여자들의 행동에 기인한다. 회사의 가치에 아무 변화가 없어도 다음날 주가는 30% 오르거나

30% 내릴 수 있다.

- **허드 현상** Herd Behavior : 허드 현상은 투자자들이 다른 투자자들의 행동을 따라 하려는 경향을 뜻한다. 만약 어떤 주식에 대해 긍정적인 소식이 나오면 이에 따라 많은 투자자가 동시에 매수할 수 있다. 이러한 행동은 다른 사람들의 행동을 따르려는 강한 욕구와 불확실성에서 기인한다. 이로 인해 과매수와 과매도가 발생할 수 있다.

- **손실 회피**: 투자자들은 종종 자신의 손실을 회피하려고 한다. 이러한 심리적 특성은 주가가 급락할 때 반대매매로 매도를 촉구할 수 있다. 이렇게 되면 주가가 더욱 급락하게 될 수 있다.

- **선호 편향**: 개별 투자자들은 종종 특정 기업이나 산업에 대해 긍정적인 또는 부정적인 편향을 가질 수 있다. 이러한 편향은 주가에 영향을 미칠 수 있으며, 기업에 대한 감정적인 결정으로 이어질 수 있다.

- **FOMO** Fear of Missing Out : 많은 투자자는 놓치지 않으려는 욕구로 인해 급등하는 주식에 참여하려는 경향이 있다. 이러한 FOMO 심리는 주식 가격의 급등을 불러올 수 있다.

이런 군중 심리에 휩쓸리지 않고 본인의 매매를 이어가기는 쉽지 않다. 그러므로 반드시 적은 돈으로라도 시장 안에서 경험하고 배워야 한다. 모의투자의 손절은 쉽다. 내 돈이 아니기 때문이다. 실전은 다르다. 손실은 아프다. 아픔을 느껴야 매매의 수정이 일어난다.

통계로 얻은 자신감이 실제 매매를 통해 강화될 수도, 악화될 수도 있다. 과거 데이터와 내가 실제로 경험한 현재의 데이터를 가지고 매매의 틀을 잡아야 한다.

매매일지, 복기의 중요성

공부의 신 강성태가 TV 프로그램 〈문제적 남자〉에서 백 점 맞는 오답 노트 비결을 공개한 적이 있다. 틀린 문제를 카테고리화하고 내가 잘못 생각했던 과정(내가 틀린 이유)을 적는 것이 포인트라고 했다.

주식도 마찬가지다. 소를 잃으면 외양간을 고쳐야 한다. 맞춘 문제(수익실현 종목)가 오른 이유를 분석하고 그 안에서 아쉬운 점은 없었는지 생각해야 한다. 좋은 점은 다시 반복하고 실수는 반복하지 않기 위함이다.

수익을 거둔 종목의 경우 그 종목이 어느 정도 반등했는지를 살펴야 한다. 이런 과정을 거치는 이유는, 시장과 내 생각을 맞춰가는 일이기 때문이다. 예를 들어, 난 4% 정도를 이 종목의 반등 폭이라고 봤는데, 시장은 10% 이상의 반등 폭을 줬다면? 왜 시장은 그런 반등 폭을 허락했는지 생각해 보는 것이다. 그래서 '이런 재료와 이런 차트, 수급 상황이라면 이 정도 반등 폭을 주는구나'라고 생각하고 이를 매매에 적용해 보는 것이다.

더 중요한 것은 틀린 문제(손실)에 대한 복기이다. 수험생에게 오답 노트가 중요하듯 투자자에게도 오답 노트가 중요하다. '왜 반등이 없었을까?'를 생각해 보는 것이 특히 중요하다. 시장이 좋지 않았는지, 재료소멸이 있었는지, 종목에 공시를 통한 악재가 있었는지, 차트가 역배열이었는지… 나름의 이유를 분석해야 한다.

복기만 해서는 의미가 없다. 이것을 매매에 적용시켜야 한다. 다만 너무 급한 적용보다는 매일매일 시장을 분석하되 일주일 정도 데이터가 쌓이고 공통적인 현상이 반복될 때 그것을 매매에 적용하는 것이 좋다. 왜냐하면 종목적 특성보다 장세의 특징이 개별 종목에 영향을 미쳤을 가능성이 높기 때문이다. 지나친 매매 방법의 변경은 과최적화Overfitting의 오류를 발생시킨다. 단기의 이례적 시장 상황을 전체 매매 로직에 적용할 때 전체 시장의 승률을 떨어뜨리는 것이다.

과최적화된 투자 기법은 특정 기간에는 훌륭한 수익을 내지만, 시장이 변동하는 상황에서는 성능이 급격히 하락하거나 손실을 입을 수 있다. 이는 과거 데이터에서 나타난 패턴이 미래에도 계속 반복되리라는 가정을 기반으로 한 것이기 때문에, 시장의 변동성과 예측 불가능한 상황에 적용하기 어렵다. 예를 들어 기술적 관점에서 2차전지의 상승은 이례적이다. 그런 데이터를 다른 종목군까지 적용하면 확률을 떨어뜨릴 수 있다. 코로나19 이후에 보였던 극단적인 강세장이나 극단적인 하락장에 맞춘 매매법도 마찬가지다.

전체적인 시장에서 살아남는 방법을 연구하되 복기를 통해 시장의 변화에 대해서도 유연할 필요가 있다. 명심하자. 원칙을 지키되 유연해야 한다.

- 2 -

장중 매매, 이런 지점에서 산다

지금부터는 앞에서 다룬 주식 공부법을 통해 탄생한 나의 매매 방법에 관한 내용이다. 영원불변한 방법은 없으니 반드시 개별로 검증한 뒤, 소액으로 연습해 보길 권한다. 나 또한 이 방법들을 절대적인 기준으로 삼지 않는다. 장세와 종목에 따라 매매타점은 달라질 수 있다. 나열되는 정보 중 가장 중요한 것은 종목 선정이다. 종목 선정이 잘 되면 어디에서 사도 수익을 낼 확률이 높으며 물려도 최소한 탈출할 기회는 가질 수 있다.

종목 선정

　다시 강조한다. 가장 중요한 것이다. '어디에서' 사는지는 그다음 문제다. 종목 선정을 잘해야 매매의 확률이 높아지고 깡통의 확률이 낮아진다. 앞 3-2에서 설명한, '관심 가져야 하는 종목' 중 고점이 20일선 대비 40% 이상 상승한 종목을 필터링한다. 시장이 좋으면 고점 기준을 30% 정도까지 낮추기도 하고 시장이 좋지 않으면 고점 기준을 50% 정도까지 올리기도 한다. 꼭 직접 통계를 내보기를 추천한다.

　20일선으로부터의 상승 이격을 보기 위해 엔벨로프 저항선을 사용한다. 20일선 대비 40% 이상 상승을 보기 위해서는 엔벨로프(20, 40)로 설정하고 저항선만 체크한다. 장세가 좋으면 엔벨로프(20, 30), 장세가 좋지 않으면 엔벨로프(20, 50)으로 바꾼다.

에코프로 엔벨로프 지표조건 설정

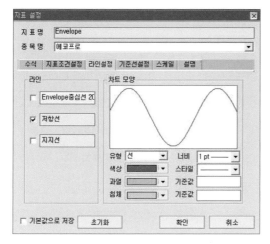

지표 설정

| 지 표 명 | Envelope |
| 종 목 명 | 에코프로 |

수식 | 지표조건설정 | 라인설정 | 기준선설정 | 스케일 | 설명

라인
- ☐ Envelope중심선 20
- ☑ 저항선
- ☐ 지지선

차트 모양

유형	선	너비	1 pt
색상		스타일	
과열		기준값	
첨체		기준값	

☐ 기본값으로 저장   초기화   확인   취소

에코프로 엔벨로프 라인설정

20일선 대비 40% 이상의 상승 이격을 발생시키면 이평선들이
어느 정도 정배열을 이룬다. 그리고 30%가 상한가인 것을 감안하
면 최소 이틀 이상의 연속적 상승을 일으킨 것이다. 앞서 3-2에서
소개한 '관심을 가져야 하는 종목'이 1차 필터링이라면, 아래 기준
들은 2차 필터링이다. 이것은 시세의 기준이다. 확률을 높이기 위
해선 시세뿐 아니라 재료나 재무, 공시의 분석도 필요하다.

필터링하는 시점에 처음 종목을 선정할 때 고려했던 사항들을
다시 확인한다. 이때 중점적으로 봐야 할 것은 다음과 같다.

기준 1 | 거래대금이 충분한가?

거래대금은 시장의 관심이다. 상승 폭이 기준을 충족했다고 하

더라도 시장의 관심이 없는 종목은 제외해야 한다. 거래가 터질 당시에는 전체 시장 중 최소한 거래대금 100위권 내에 들어야 한다.

그리고 눌림 구간이라고 하더라도 최소 10억 이상의 거래대금은 유지해야 한다. 이것은 최소 기준이고 50억 이상을 유지해주는 것이 좋다. 음원 시장도 콘텐츠 시장도 스트리밍 서비스가 주를 이루면서 그 호흡이 굉장히 빠르다. 주식시장도 마찬가지다. 최근의 시장은 순식간에 중심이 이동되는 특징을 가지고 있다. 중간에라도 10억 이하의 거래대금을 기록한다면 관심 종목에서 삭제해야 한다. 최소한의 관심조차 없어진다면 그것은 시장에서 잊혀진 것이다. 단발성인 재료였을 확률이 매우 높다.

기준 2 | 재료가 단발성인가? 여전히 유효한가?

앞에서 잠깐 이야기했지만, 나의 매매는 눌림매매이다. 눌림매

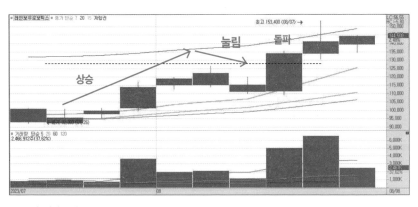

눌림과 돌파

매란 강한 상승을 보이던 시장 주도주가 일정 부분 하락할 때 매수하는 것을 말한다. 일정 부분 하락한 후 주가가 반등할 것을 기대하는 매매이다. 예시 차트처럼 아직 기대감이 남아 있는 종목은 가격이나 기간 조정을 보인 후 다시 상승한다.

추세적 상승이 아니더라도 최소한 일정 부분 반등이라도 한다. 단발성 재료의 종목은 눌림목에서 반등이 나올 가능성이 작다. 기대감이 사라졌기 때문이다. 단발성 재료의 종목은 눌림매매보다는 주도주로 나서는 순간에 돌파매매가 더 어울린다. 돌파매매는 전고점이나 주요 매물대를 돌파할 때 매수에 가담하는 것이다. 일반적으로 전고점을 뚫은 주가는 그렇지 않은 종목보다 쉽게 상승할 수 있다. 단발성 재료라고 할지라도 그 재료가 유효한 순간에 최대한 시세차익을 얻는 매매 형태이다.

20일선 대비 40% 이상 상승한 종목으로 필터링한 덕분에 단발성 재료들이 상당 부분 걸러진다. 20일선 대비 40% 이상 상승하려면 보통 이틀 이상 급등이 나와야 하는데, 단발성 재료는 당일 급등에 그치는 경우가 많다. 하지만 9시 뉴스 헤드라인에 나올 만한 단발성 이슈라면 더 오랫동안 큰 상승을 보일 수 있다. 그리고 앞선 기준으로 10억 원 이하의 거래대금이 나온다는 것은 시장의 관심이 멀어졌다는 것이고 이는 단발성 이슈였을 가능성이 크다는 뜻이다. 물론 항상 예외는 있는 법이다. 이런 기준으로 걸러지는 종목도 있지만 그렇지 않은 예도 있다. 이때부턴 투자자의 실력이다.

단발성인 종목을 매매 대상에서 삭제하거나 비중을 대폭 축소
해야 한다. 단발성인지를 판단하는 기준은 '가까운 미래에 이 재료
가 소멸할 것인가'이다. 예를 몇 가지 들어보겠다.

인산가는 후쿠시마 오염수 방류 관련 종목이다. 일본에서 후쿠
시마 오염수를 방류하겠다는 뉴스가 발표되며 급등했다. 관련 발
표 이후 정치권을 중심으로 논쟁이 일었고, 그에 따라 신문에 관련
뉴스들이 도배되었다. 9시 뉴스에서도 탑픽으로 다뤄질 주제였고
실시간 검색어 순위가 있었다면 1위를 했을 만한 주제다.

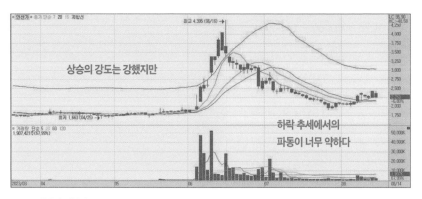

인산가 일봉차트

오염수는 정해진 날이 되면 방출되므로 재료가 소멸할 수 있으
며 뉴스 플로우에 영향을 많이 받는다. 초기 뉴스를 쏟아냈으나 이

후 정치적 진영에 따라 찬반이 나뉘는 정치적 공방으로 이슈가 희석되며 주가가 계속 하락하였다. 단발성 테마에 가까웠던 것이다.

이런 종목은 눌림매매의 관점보다는 뉴스가 핫할 때 돌파매매의 관점에서 매매해야 하는 종목이다. 6월 16일까지 무섭게 오르던 주가는 이후 뚜렷한 반등세 없이 계속 하락하였다. 물론 그사이에 전환청구권행사, 추가상장 등 악재 공시도 쏟아져나왔다.

빈대 관련주인 경남제약의 사례도 마찬가지다. (2023년 11월 차트를 보면 된다). 단발성 재료이고 급등 초기에는 강하게 상승하였으나 12월에 마이코플라즈마 관련주로 묶이면서 다시 상승이 나오기 전까지 눌림 구간에서는 전혀 힘을 쓰지 못했다.

반면 2차전지, 로봇, AI 등의 테마는 지속해서 시장의 관심을 받으며 계속된 매매의 기회들을 만들어낸다. 재료가 단발적이지 않기 때문이다. 어느 정도 매출이나 영업이익이 발생하며 실적도 만들어내고 있으며 여전히 시장 침투율은 높지 않아 성장이 기대된다. 재료의 유통기한이 없거나 아주 긴 것이 특징이다.

기준 3 | 악재 공시는 없는가?

가지고 있는 종목이 많이 오르면 팔고 싶지 않은가? 특히 내가 가지고 있는 회사가 좋은 회사라는 확신이 없다면 더욱 그렇다. 전환사채에 투자한 사람, 혹은 오너나 임원도 마찬가지다. 전환사채의 주식전환, 대주주, 임원의 매도 공시가 나올 수 있다는 의미다.

회사의 가치보다 주가가 과열되었다고 생각하면 악재 공시가 나온다. 앞서 설명한 악재 공시 기준에 따라 관련 공시가 있다면 관심을 *끄*자.

나는 위 같은 기준들을 통해 필터링 된 종목은 매매 대상에 추가한다. 몇 가지 사례를 들어보겠다.

2차전지 주도주였던 에코프로가 엔벨로프(20, 40)를 상향돌파하였고 거래대금, 단발성, 악재 공시 기준을 맞춰 관심 종목에 추가할 수 있다.

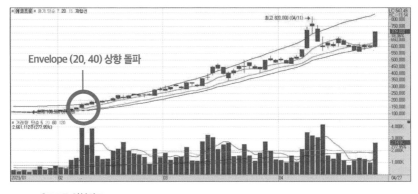

에코프로 일봉차트

마찬가지로 로봇 테마 주도주였던 레인보우로보틱스도 같은 기준에 따라 관심 종목에 추가할 수 있다. 다만 2023년 9월 로봇 주는 두산로보틱스 상장이라는 재료가 섞여 있고 이는 다소 단발성

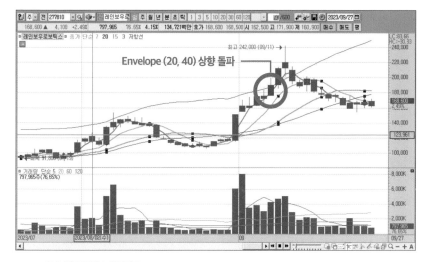

레인보우로보틱스 일봉차트

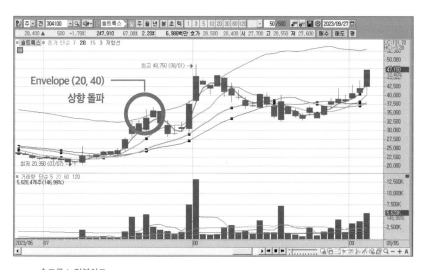

솔트룩스 일봉차트

이슈로 인식될 수 있다. 같은 테마라고 하더라도 상황에 따라 대응을 달리해야 한다.

솔트룩스는 AI 테마 주도주로 AI는 챗GPT가 촉발한 글로벌 트렌드로 아주 좋은 재료를 가지고 있다. 거래대금도 풍부하고 단발성 재료가 아니다.

얼마나 살까? 비중조절

> "투자 포트폴리오에서 어느 한 종목이 너무 많은 비중을 차지하고 있는 것은 잠재적인 재앙을 의미한다."
> -켄 피셔 Ken Fisher

주식시장에서 오래 살아남으려면 비중조절에 유념하자. 이때 비중조절이란 분산투자의 개념은 아니다. 특정 종목이 계좌에 너무 많은 비중을 차지할 때, 예상치 못한 악재가 발생하면 큰 리스크에 노출되게 된다. 지금부터 소개할 비중조절에 관한 것은 모든 매매에 대해 유효함을 일러둔다. 그리고 큰 비중으로 몇 종목을 사다 보면 금세 현금이 고갈된다. 내가 가장 경계하는 것이다.

종목당 투입 비중은 어떻게 할까? 난 좋은 종목이라고 판단하는 종목은 전체 현금의 10%~20% 사이를 배정한다. 투자대회에서 몇 백%씩 수익을 내는 트레이더들을 보면 욕심이 나는 것이 사실이다. 그래서 자금의 50% 이상의 비중을 베팅해 본 적도 있다. 하지만 나의 트레이딩 실력에 이런 방법으로는 도저히 롱런할 수 없음을 깨달았다.

실패를 염두에 둔 매매에서 종목당 20% 이상의 베팅은 위험성이 있다고 생각한다. 더욱이 오버나잇을 한다면 장 마감 후 내가 상상할 수 없었던 악재를 맞이할 수 있다. 레버리지를 과하게 사용하는 트레이더들이 아홉 번의 성공 이후 한 번의 실패로 전체 계좌가 초토화되는 것을 여러 번 보았다.

종목선정 때 사용한 재료의 크기, 거래대금, 차트, 악재 유무를 종합적으로 판단하여 종목별로 투입 비중을 달리한다. 난 종목당 상한선을 20%로 두고 차감 요소가 있는 종목은 비중을 줄인다. 악재에 대해 즉각적 대응이 어려운 직장인에게는 특히 종목당 비중 조절이 절대적으로 필요하다. 또한, 실패에 대해 손절로 대응함으로써 리스크를 관리해야 한다.

어디에서 사나? 매수 시점

다시 한번 말한다. 어느 선에 닿으면 무조건 반등이 나온다는 건 없다. 그러나 확률적으로 반등이 잘 나오는 구간이 있을 수 있다. 앞선 파동에 따라 그 선은 변화하기도 한다. 이를 유념하고 읽기 바란다.

주식시장은 유난히 역발상을 강조한다. 역발상 투자로 유명한

존 템플턴 John Templeton 은 역발상에 대한 명언을 남겼다.

"강세장은 비관 속에서 태어나 회의 속에서 자라며 낙관 속에서 성숙해 행복 속에서 죽는다. 최고로 비관적일 때가 가장 좋은 매수 시점이고 최고 낙관적일 때가 가장 좋은 매도 시점이다."

"다른 투자자들이 투매할 때 사고, 탐욕스럽게 매수할 때 팔려면 어떤 상황 속에서도 흔들리지 않는 강인한 정신력이 필요하다. 하지만 그렇게 함으로써 엄청난 수익을 올릴 수 있다."

존 템플턴은 가치투자를 하는 사람이지만, 단기투자를 하는 사람들에게도 역발상은 필요하다. 모든 증권사의 HTS, MTS의 기본 설정은 5일선, 10일선, 20일선이다. HTS의 보급 초창기 때에는 기본 설정의 이평선이 좋은 지지선, 손절선으로 작용했다. 이때는 차트매매를 하는 사람이 많지 않았기 때문에 이런 설정을 아는 사람들이 정보 우위에 있었다.

하지만 HTS뿐 아니라 MTS가 보편화된 지금, 투자자 대부분은 HTS에 기본 설정된 이평선을 지지선 혹은 손절선으로 인식한다. 이런 개인투자자의 인식을 너무나도 잘 아는 세력들은 이런 선들을 의도적으로 깨 투매를 일으키기도 하고 이런 선에 닿기 전에 개미들보다 빠르게 주식을 매수한다. 이에 대한 반응으로 5일선과

10일선 사이인 7일선 부근과 10일선과 20일선 사이인 15일선 부근에서 주식은 반등이 나온다.

7일선, 15일선이라고 해서 그 선에 딱 닿을 때 사는 것이 아니다. 주식의 반등은 선이라기보다 면으로 인식하는 것이 좋다. 어느 특정 선에 닿을 때마다 반등이 나온다고 생각하기보다 그 부근 어느 면에서 반등이 나온다고 생각하는 것이 좋다. 물론 그 면에서도 반등이 나오지 않는 경우가 있다. 그래서 손절이 필요한 것이다.

각자 엑셀 창을 켜놓고 종목들이 어느 지점 부근에서 반등이 나왔는지 살펴보자. 70% 이상의 종목이 그 지점에서 나왔다면 그 부근을 나의 매수 포인트로 설정하면 된다. 그리고 설령 매수하지 못하였다고 하더라도 그즈음에서 상승 파동이 나온다면 그 자리에서 매수하면 안 된다. 다음 파동을 기다려야 한다.

파동은 처음에는 크고 점점 작아지는 특성이 있다. 기대수익률은 7일선 부근이 15일선 부근보다 좋다. 파동이 크다는 의미는 수익도 크지만, 손실도 커질 수 있다는 뜻이다. 직장인에게는 15일선 부근이 안정감이 있다. 7일선과 15일선의 이격이 10% 이하인 상태에서 7일선 부근에서 반등이 이미 나온 종목은 15일선에서 매매하지 않는다. 물타기도 마찬가지다. 물타기는 매수가 간 간격이 어느 정도 있을 때 의미가 있다.

지나친 물타기는 건강에 정말 좋지 않다. 물타기는 '본전심리'에 기반한다. 손실 회피 심리가 있는 와중에 본인의 평단에 자신이 없으로 평단을 낮추기 위함이다. 그러나 물타기에 실패할 경우 손실의 크기는 기하급수적으로 커진다. 평단을 낮추기 위해 무리하게 많은 수량의 물타기를 해서는 안 된다. 물타기 하려면 처음 산다는 생각으로 매수 수량을 정해야 한다. 그리고 물타기를 했다면 평당가를 기준으로 생각하는 것보다는 '마지막 매수가'를 기반으로 생각해야 한다. 그래야 큰 손실을 막을 수 있고, 의도치 않는 강제 장기투자를 막을 수 있다.

예시를 하나 보자. 알테오젠은 머크사의 항암제인 키트루다의 피하주사SC 제형 출시 기대감과 머크사로의 피인수 기대감을 재료

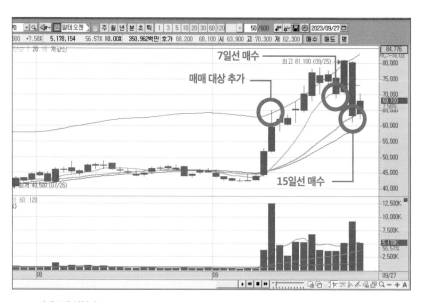

알테오젠 일봉차트

로 하는 종목이다. 재료도 아주 좋고 엄청난 거래대금을 동반해 상
승하였다. 재료가 좋은 이유는 머크사가 글로벌 제약사라는 점이
다. 한마디로 월드클래스이다. 매매 대상에 추가된 후 7일선과 15
일선 부근에서 깔끔하게 반등이 나온 것을 확인할 수 있다.

　인벤티지랩은 비만치료제 관련주이다. 2020년 기준 전세계인
구의 14%가 비만이고 나를 포함해 주위에서 비만을 쉽게 볼 수 있
다. 게다가 일라이릴리, 노보노디스크 등 글로벌 기업이 비만치료
제로 큰 성공을 거두고 있어 좋은 재료에 속한다. 노보노디스크는
비만치료제로 유럽기업 중 시가총액 1위에 오를 만큼 비만치료제
는 핫하다. 거래대금도 풍부하다. 흠이라면 실적이 썩 좋지 못하다
는 점이다. 그런데도 매매 대상에 추가된 후 7일선과 15일선 부근
에서 깔끔하게 반등이 나온 것을 확인할 수 있다.

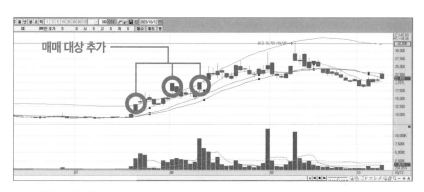

일벤티지랩 일봉차트

제주반도체는 온디바이스AI 관련주이다. 온디바이스AI(인공지능)란 클라우드단에서 수행하던 AI를 단말단에서 수행하는 것이다. 휴대폰을 포함해 웨어러블디바이스, 노트북 등에도 탑재 가능하기 때문에 시장의 파이가 크다. 삼성 등 대기업이 뛰어드는 점도 플러스 요인이다. 7일선 부근 반등 후 큰 상승을 이루어냈다.

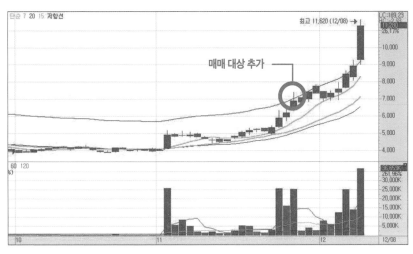

제주반도체 일봉차트

어디에서 파나? 매도 시점

'매수는 기술이고 매도는 예술이다.'

주식 관련해 너무도 유명한 말이다. 이런 말이 있을 정도로 매수보다 매도가 어렵다. 누구나 그렇다. 원래 인간은 사는 걸 좋아한다. 매도를 예술이라고 표현한 이유는 종목마다 저점으로부터의 반등 폭이 너무나도 천차만별이기 때문이다. 단기매매를 하다 보면 짧은 수익을 보고 판 종목이 10배 상승한 텐버거Ten Bagger 까지 가는 것을 목격하는 경우가 많다. 손절한 종목이 다음날 상한가 가는 경우도 가끔 있다. 이때의 자괴감이란 말로 표현할 수 없다.

예술적으로 파는 게 너무나도 어렵다. 매도 후 텐버거 가는 종목도 있지만 -90% 가는 종목도 있기 마련이다.

예술의 경지에 이르기 전이라면 우선 기계적으로 접근하는 것이 좋다. 숙련되기 전까진 3~9% 분할매도 관점에서 대응하는 것이 좋다.

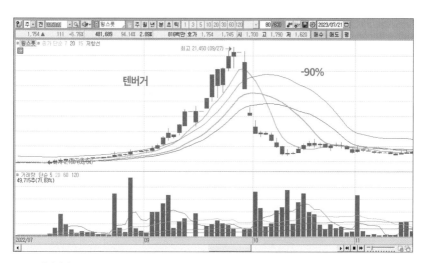

텐버거와 -90%

호가창이나 분봉 차트를 잘 보면 주식의 고점에 매도할 수 있을까? 오히려 중간에 털릴 확률이 더 커진다. 고점에 팔고자 하는 노력을 기울이되 완벽한 고점에 팔 수 없다는 사실을 인정해야 한다. 내가 팔고 더 올라간다고 좌절할 필요가 없다. 내가 팔고 떨어지는 종목도 많다. 각인이 안 될 뿐이다.

우리가 믿고 가야 할 것은 데이터의 힘이다. 공부하면서 접한 과거 데이터나 매매를 하면서 실제로 쌓은 데이터로 통계를 내보자. '이런 특성을 가진 종목은 이 정도 반등을 낼 수 있구나' 하는 관점으로 공부하다 보면 예술의 경지에 이른 매도를 할 수 있을 것이다. 다만 나도 아직 그 경지에 도달하지 못했다. 매매를 복기하면서 내가 산 지점에서 해당 종목이 어느 정도 반등을 보였는지 살펴봐야 한다. 그런 지속적인 복기를 통해 시장의 관점과 나의 관점을 일치시켜나가야 한다. 그게 되면 예술의 경지에 이르게 되는 것이다.

매도의 정답은 치킨에 있다. '프라이드 반 양념 반'. 바로 분할매도다. 어디가 꼭지인지 모르기 때문에 분할매도가 필요하다. 더 먹지 못한 아쉬움과 '그때 팔 걸'이라는 후회를 줄일 수 있기 때문이다.

어디에서 손절하나? 손절 시점

'손실 회피'는 어떻게 보면 인간의 본능이다. 투자자들은 종종 자신의 손실을 회피하려고 한다. 2002년 노벨경제학상을 수상한 대니얼 카너먼Daniel Kahneman과 아모스 트버스키Amos Tversky의 프로스펙트 이론Prospect Theory에 따르면 인간은 이익에 대한 행복보다 손실로 인한 불만족이 훨씬 크다고 한다.

당신의 투자를 되돌아보라. 당신은 잘 손절하는 편인가? 투자자 대부분은 손실 회피 증상을 겪고 있다. 도무지 손절매를 하지 못한다. 팔지 않으면 손실이 아니라는 자기 위로로 차일피일 손절을 미룬다. 하지만 실제 우리의 자산은 평가손익을 기반으로 하지 실현손익을 기반으로 하지 않는다. 평가손실도 손실이다.

나는 주식시장에서의 실력은 이 손절의 크기에서 비롯된다고 생각한다. 크게 손절할 줄 아는 사람이 단기매매에서 롱런하고 성공할 가능성이 크다. 내 판단에 대한 시장의 평가를 인정하고 겸손한 마음으로 주식을 해야 오래간다. '틀리면 안 된다'라는 경직된 마음보다는 '틀려도 된다'라는 마음으로 주식을 해야 한다.

손절은 2가지 의미를 가진다. 첫째, 해당 종목의 손실의 크기를 제한하는 것이다. 추가적 하락의 가능성을 차단하여 해당 종목의 손실을 확정 짓고 더 큰 손실을 막는다. 물론 손절하지 않고 버티면서 그 종목이 올라가는 경우도 허다하다. 그래서 두 번째 의미가 중요하다. 둘째, 계좌 전체로의 위험 전이를 막는 것이다. 종목을 보유하면 기회비용이 생긴다. 현금이 무한대라면 상관없겠지만 현금이 소진된 상태라면 한 종목을 보유함에 따라 다른 한 종목을 매수하지 못한다. 계좌는 순환하지 못하고 내 미련으로 인해 계좌는 파탄이 난다. 손절이라는 행위는 계좌를 지키는 의미이다.

'이 지점에서는 무조건 반등이 나온다'가 없는 것처럼 '이 지점이 깨지면 100% 더 흐른다' 식의 손절선은 없다. 아마 손절을 하고 나서 주식이 폭등하는 현상을 심심찮게 볼 것이다. 이런 현상을 몇 번 보면 손절을 더욱 망설이게 된다. 손절하고 나서 주식이 폭락하는 현상도 그에 비례해서 많겠지만, 사람의 눈과 기억이란 이런 것만 기억하게 된다. 그래서 손절을 못 하게 되고 계좌는 망가진다. 손절선을 잡는 것은 매매를 잘하기 위한 기준점을 삼는 것일 뿐이다. 기준이 없으면 실행하기 어렵기 때문이다.

미국의 심리학자 엘리자베스 퀴블러 로스Elizabeth Kubler Ross는 《죽음과 죽어감》에서 선보인 모델에서 사람이 죽음을 선고받고 이를 인지하기까지의 과정을 5단계로 구분했다. 부정 ▶ 분노 ▶ 협상 ▶ 우울 ▶ 수용

난 이러한 감정이 손실을 맞이하는 나의 모습에서 고스란히 나타난다고 생각한다. '아니야, 그럴리 없어'라는 부정에서 시장 탓, 공매도 탓, 대통령 탓까지 확장되는 분노에 이른다. 이후 '이 종목은 재무가 좋지', '본전만 오면 판다'라는 협상의 단계를 지나 계좌의 손실이 늘어나며 우울의 감정을 느낀다. 이때 폭락이라는 트리거가 나를 공포로 이끌고 수용 아닌 수용을 하게 되는데 이때가 기가 막히게 저점이다. 손실에 대해 부정, 분노, 협상, 우울의 단계를 줄이고 빠르게 수용해야 한다. 그래서 기준이 필요하다. 매수의 기

준, 이익실현의 기준보다 더 중요한 것이 손절 기준이다. 손절 기준은 명확해야 한다.

나의 경우 손절은 2가지 형태로 나뉜다. 폭에 대한 손절과 기간에 대한 손절이다.

먼저 폭에 대한 손절은 이렇다. 매수가 대비 몇 퍼센트, 혹은 어느 선 이탈이 이 상황에 해당한다. 손절 원칙, 손절 선을 정하는 이유는 손절을 쉽게 하기 위함이다. 매수의 이유가 어찌 되었건 간에 내가 산 이유는 주식이 그 지점에서 반등하리라 생각했기 때문이다. 결과적으로 실패했으면 자르고 나와야 한다. 손절 지점이 명확해야 손절이 쉽다. 두루뭉술한 기준은 손절을 어렵게 만든다. 안 그래도 어려운 손절을 잘하려면 심플해야 한다.

손절을 쉽게 하는 또 다른 요인은 성공 경험이다. 그 종목을 손절해도 다른 종목의 수익으로 이를 충분히 커버할 수 있다는 자신감에서 비롯된다. 매매하면서 작은 성공 경험을 많이 쌓자.

그래서 내가 정한 손절선은 종가기준 20일선 이탈이다. 장중 20일선 이탈이 아니다. 장중에 일시적으로 깨고 올라가는 경우가 많기 때문이다. 20일선을 흔히 세력선이라고 한다. 세력들이 관리하는 선이라고 해서 붙여진 이름 같은데, 그런 이유로 이것을 기준으로 정한 것은 아니다. 손절이 너무 크지 않는 선을 찾다 보니 20일선으로 정했다. 20일선을 깨고 나서 다시 올라오는 종목은 수도 없이 많다. 물론 그렇지 않고 계속 흐르는 종목도 많다. 여기서 중요한 것은 손절한다는 것이다. 손절을 할 수 있어야 후일을 도모할 수 있다. 확률 높은 종목과 매매법을 확보하였다면 손절을 두려워하지 말자. 우리는 월 단위로 수익을 낼 수 있으면 된다. 모든 종목을 수익 실현해야 한다는 생각을 버리자.

두 번째, 기간에 대한 손절이다. 나의 경우 매수일 포함 3일~5일까지 내가 원하는 반등이 오지 않는다면 매도한다. 손절일 수도 있고 익절매일 수도 있다. 현금이 풍부하고 장이 좋은 경우 5일 정도까지 기다리고 장이 좋지 않거나 현금이 넉넉하지 않으면 3일 정도기다리고 손절한다.

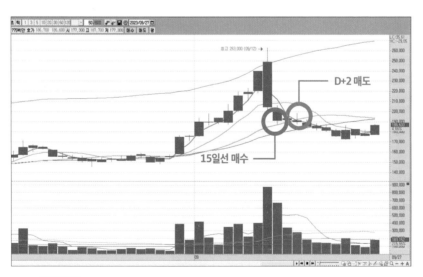

손절의 예시

손절하고 나서 오르는 종목이 자꾸 눈에 밟힐 것이다. 그러나 결단을 내리지 못하면 크게 꼬꾸라질 수 있다.

손절하지 못할 때 가장 큰 문제는 바로 현금 부족이다. 상승장에서는 손절하지 못하더라도 대게 반등이 나와서 정리가 된다. 그런 달콤함에 취하면 손절을 못하고 하락장이 닥치면 문제가 발생한다. 하락장에서 손절하지 못하면 잔고에 백화점처럼 종목이 쌓여가고 현금이 바닥난다. 현금이 마르면 정작 좋은 종목이 좋은 자리에 왔을 때 그 주식을 살 돈이 없다. 돈이 없어 사지 못한 종목은 반등이 나오고 손절하지 못하고 물려 있는 종목은 영영 기다리던 내 매수가로 오지 않는다. 최악의 상황이 벌어진 것이다.

투자하는 사람은 현금이 마르면 안 된다. 손절하지 못하면 현금이 마른다. 꼭 이 선을 기준으로 손절매를 할 필요는 없지만, 자신만의 손절 라인은 정해두도록 하자.

— 3 —

우량주, 배당주는 폭락 때 산다

20년간 한국 주식시장을 거치면서 느낀 점이 있다. 한국 주식 우량주들이 추세적으로 장기 상승하는 경우가 거의 없기 때문에, 스윙이나 장기투자를 하려면 '싸게 사야' 한다는 것이다. 배당주도 마찬가지다. 배당은 받는데 주가가 하락한다면 아무 의미가 없다. 세금만 나갈 뿐이다. 배당주의 핵심도 싸게 사는 것이다. 최대한 싸게 사야 주가 하락의 위험이 적으며 배당수익률도 높다.

배당을 통한 현금흐름에 너무 심취하게 되면 시세차익이라는 또 다른 수익을 간과하게 된다. 주식투자의 목적은 배당을 통해 현금흐름을 만드는 것보다, 시세차익을 내는 것을 우선해야 한다. 주가도 우상향하면서 배당 수익도 누릴 수 있어야 한다는 의미이다.

싸게 사라는 것이 매일 조금씩 추세적으로 하락하는 종목을 매수하라는 뜻이 결코 아니다. 이런 하락보다는 시장 전체의 하락이나 단기적 악재로 인해 개인의 투매가 나오는 깊은 하락에 사야 한다. 그래야 반등도 강하게 나온다.

추세적으로 하락하는 종목의 특징은 해당 주식이 속하는 산업의 업황이 안 좋기 때문인 경우가 많다. 완연한 하락 추세로 조금씩 흘러내리는 주식은 답이 없다. 이런 주식에 물리면 10년 고생한다. 아래 LG생활건강 일봉차트를 한번 보자. 이런 종목이 추세적으로 하락하는 종목이다. 이평선들이 우하향하고 있고 주가도 20일 이평선과 이격을 크게 벌이지 않으며 추세적으로 계속 하락하고 있다. 이런 종목은 큰 추세를 돌릴 때까지 기다려야 한다.

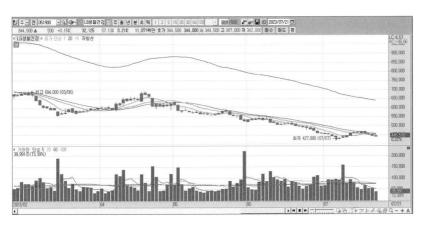

LG생활건강 일봉차트

추세적으로 하락하는 주식은 반등도 미미하게 나온다. 버티고 버티던 주주들의 물량이 투매 형식으로 쏟아져나올 때 주가는 반등한다. 투매Panic selling란 투자자들이 추가 하락이 나올 것 같은 공포와 불안에 휩싸여 대량으로 주식을 집어던지는 것을 일컫는다. 여러 사람이 이런 공포를 느낄 때 일시적으로 많은 매도 물량이 시장에 쏟아지고 주가는 크게 하락한다. 개인의 투매를 외국인이나 기관이 받으면 손바뀜이 일어나고 주가는 반등한다.

우량주, 배당주를 싸게 사면 단기매매가 아니라 조금 더 장기적인 관점에서 시세차익과 배당수익을 누릴 수 있다. 나의 경우 성경호의 《차트박사의 승률 80% 매매기법》 책에 소개되었던 '100% 확률에 도전하는 우량주 매매기법'을 응용하여 우량주, 배당주에 투자한다.

종목 선정

시가총액 2조 원 이상의 우량주를 대상으로 매매하며 이 중 배당수익률이 5% 이상인 종목은 조금 더 적극적으로 매매한다. 2023년 12월 9일 기준 코스피, 코스닥을 통틀어 시가총액 2조 이상의 종목은 ETF를 제외하고 153개이다.

배당수익률이 높으면 주가는 하방경직성을 확보하며 물리더라도 배당을 무기로 버틸 수 있다. 매매 대상에서 제외하는 경우는 회사의 존폐가 달린 악재가 발생했거나 해당 주식이 재무적으로 크게 악화하였을 경우다. 단기적 급등으로 인해 왜곡된 시가총액을 가지고 있는 경우도 비중을 줄이거나 매매하지 않는다.

어디에서 사나? 매수 시점

농구공을 바닥에 드리블하면 아래로 내리치는 힘만큼 다시 공이 위로 튀기는 반작용력이 생긴다. 주가도 마찬가지다. 아래로 크게 내리치면 그에 대한 반등이 나온다. '기술적 반등'이라고도 부른다. 농구공을 아주 작은 힘으로 바닥에 떨어뜨리면 손까지 다시 올라오지 않는다. 손까지 오지 못한 공은 튀기는 높이를 계속 줄이게 된다.

투매가 나와야 반등이 나온다. 투매가 나올 때 손바뀜이 일어나고 그때부터 주가가 상승한다. 반대매매 등으로 촉발된 강한 하락이 나오면 그 물량을 외인이나 기관이 받아먹는다. "조금만 더 버티자, 조금만 더 버티자"라는 생각이 나오는 약한 하락은 개인의 투매를 일으키지 않는다. 공포감이 있는 하락이 나와야 개인이 손절을 한다. 자의에 의한 것일 수도 있고 반대매매처럼 타의로 인한 것일 수 있다.

주식이나 시장의 단기 악재로 인해 주식이 비이성적으로 급락할 때 싸게 사는 것이 포인트이다. 특히 코로나 등으로 인해 시장 전체가 무너져 내릴 때 배당주를 싸게 잡으면 주가 수익과 배당수익을 동시에 누릴 수 있다. 주가가 낮은 상태에서 배당주를 잡으면 시가배당률*이 극대화된다. 예를 들어 주당 1,000원을 주는 주식이 있다고 하자. 해당 주식을 10만 원에 매수하면 시가배당률은 1%이지만 5만 원에 매수하면 시가배당률은 2%이다. 물론 배당 전 주가가 급등한다면 시세차익까지 덤으로 얻을 수 있다.

대표적인 배당주 중 하나인 KT를 사례로 보자. KT의 배당금은 22년 12월 31일을 배당기준일로 1,960원의 배당을 했다.

KT의 2022년 주봉

2022년 최고가는 39,300원, 최저가는 30,550원이다. 최고가에

◆　시가배당률: 배당금이 주가의 몇 퍼센트인가를 나타내는 것

샀다면 배당률 4.9%이고 최저가에 샀다면 6.4%이다. 코로나19가 촉발한 폭락 시기로 돌아가 보자.

코로나19 위기가 한창이던 2020년 3월 17,250원까지 하락이 나왔다. 2020년 12월 31일 배당기준일 배당액 1,350원이다. 최저가에 매수했다면 배당률은 무려 7.8%이며 2020년 12월 28일 28,000원으로 62%의 시세차익도 남길 수 있다.

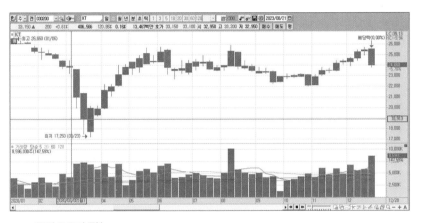

KT의 2020년 주봉

고배당주는 주로 경기방어주들이 많다. 경기에 민감하게 반응하지 않으며 배당이 크기 때문에 하방경직성이 있다. 그러나 코로나19와 같은 위기 상황에서 시장과 함께 떨어지지만, 쉽게 반등을 하고 물리더라도 배당을 받으며 버틸 수 있다.

앞서 말했듯이 주가가 비이성적으로 빠진다는 의미는 과매도권에 들어가 있다는 것이다. 주인과 산책하러 나간 강아지가 이성을 잃고 역주행을 하는 상황에 해당한다. 엔벨로프를 통해 비이성적 과매도를 파악할 수 있다. 과매도를 판단하는 지표로 RSI relative strength index 활용되기도 한다. RSI는 상대강도지수라고도 불리며, 일정 기간 주가의 상승폭과 하락폭의 크기 비교를 통해 주가의 상승 압력과 하락 압력 간의 상대적인 강도를 백분율로 나타낸 지표이다. 이때 RSI 값이 30이하면 과매도로 판단한다. 하지만 후행성 지표이기 때문에 난 사용하지 않는다.

HTS, MTS의 엔벨로프 기본설정값은 (20, 6)이다. 20일선을 기준으로 +6%를 저항, -6%를 지지선으로 이루어진 구간을 만드는 것이다. 상한가가 30%이고 하한가가 30%인 상태에서 20일선을 기준으로 6% 정도의 상하 폭은 너무 좁다. 과매수나 과매도를 나타내기엔 부적합하다.

나의 경우 주로 엔벨로프 (20, 19)의 지표를 사용하여 대형주, 배당주의 과매도 구간을 공략한다. (20, 19)의 의미는 이동평균선 20일선을 기준으로 +19%를 저항, -19%를 지지선으로 이루어진 구간을 만드는 것이다. 이때 저항선은 사용하지 않고 지지선만을 사용한다. 성경호의 《차트박사의 승률 80% 매매기법》 책에 소개되었던 '100% 확률에 도전하는 우량주 매매기법'에서는 엔벨로프 (20, 20)을 사용하지만 나의 경우 (20, 19)을 사용하여 좀 더 위에서 잡는 편이다.

KT의 경우 코로나19 시기 (20, 19) 엔벨로프 저지선을 일시적으로 뚫었으나 이후 2달 사이 30% 이상 상승이 나왔다. 대표적인 배당주인 우리금융지주도 일시적으로 저항선을 뚫었으나 이후 단기간에 40% 이상 반등이 나왔다. 이때 외국인, 기관 매수가 확인된다면 확률은 높아진다. 차트를 설정해 놓고 지난 도표들을 돌려보자. 차트적으로 저점을 정확히 예측하는 것은 불가능하다. 다만 '이제 과매도 구간에 들어왔구나' 정도를 인지하고 수급 등을 파악하며 진입하면 된다. 매수타점을 점이나 선으로 보지 말고 면으로 보아야 한다고 했다. 물려도 배당이 있다. 그리고 패닉셀 때문에 과매도된 주가는 다시 돌아온다. 아래 KT 차트를 보면 팬데믹으로 인해 주가가 급락했다. KT 회사 자체의 문제라기보다 전염병에 대한 불안과 공포로 인해 패닉셀이 나왔고 머지않아 주가는 회복되었다.

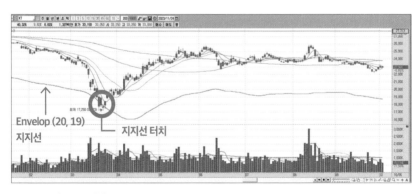

코로나19로 급락한 KT

대표적인 고배당을 지급하는 은행주 중 하나인 신한지주를 예로 살펴보자. 글로벌 금융위기가 한창이던 2008년 9월부터 투매를 일으키며 주가가 급락했고 엔벨로프 (20, 19) 부근에서 적게는 15%, 많게는 69%의 단기적 반등이 있었다. 첫 자리에서 매수 후 수익실현을 하지 않았다고 하더라도 1년 후 주가는 30% 이상 상승했다. 배당 수익은 덤이다.

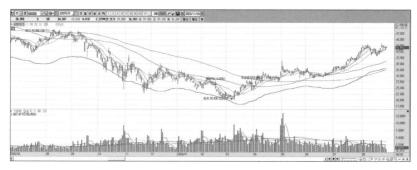

신한지주

될 수 있으면 개별 종목의 이슈보다는 시장 전체의 붕괴로 인해 급락하는 구간에 매수하는 것이 좋다. 개별 종목의 이슈로 인해 지지선까지 떨어지는 경우 그 악재의 크기를 판별해야 한다. 회사의 존폐에 영향을 줄 수 있을 만큼의 악재라면 절대 매수하면 안 된다. GS건설의 사례를 보자.

GS건설의 경우 건설 중인 아파트의 주차장 붕괴라는 초대형 악재를 맞았기 때문에 하락이 매우 깊었다. 이는 GS건설의 본업에 지대한 영향을 주는 악재였다. 이후 주가가 회복되긴 했지만 이런 경우는 매매해서는 안 된다.

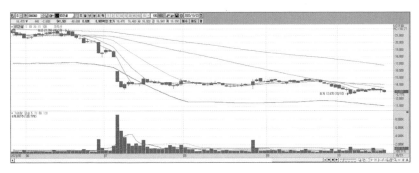

GS건설

위에 나온 예시들을 절대적인 기준으로 생각하진 말자. 우량주의 경우 큰 악재가 아닐 때는 주로 (10, 10)에서 반등할 수도 있고 아주 큰 악재일 경우 (20, 30)에서 반등하기도 한다. 지표의 조건 값을 바꿔가면서 사안별로 확률이 높은 구간을 찾고 그에 따른 손절과 수익 구간을 정하면 된다.

스윙이나 장기투자의 관점에서 길게 끌고 갈 수도 있고 단타의 관점이라면 며칠 이내에 수익실현을 하던지 손절을 해야 한다.

어디에서 파나? 매도 시점

매도는 단기적 관점, 장기적 관점 모두 가능하다. 단기로 가져갈지 장기로 가져갈지는 계좌 상태와 본인의 투자 스타일에 따라 달라질 수 있다. 계좌에 현금의 여유가 없다면 단기적으로 수익을 챙겨 현금을 확보하는 것이 좋다. 현금이 이미 충분히 확보된 상태이고 추가적으로 매수할 종목이 적다면 장기적 관점에서 바라보아도 좋다. 나의 경우 코로나19 시기 우량주와 배당주를 저점에 매수하여 단기반등에서 대부분 정리하고 나머지 물량은 10~20% 수익선에서 정리하였다.

매수 후 일주일 안에는 4~9% 수익실현을 하면 될 것이고 낮은 매수가와 배당 수익을 안전마진으로 깔고 몇 달간 20% 이상 수익을 목표로 스윙해도 무방하다. SK하이닉스 경우 엔벨로프 저항선 매수 후 길게 가져가도 큰 수익을 낼 수 있었다.

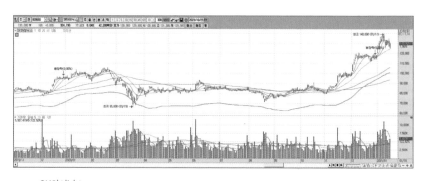

SK하이닉스

- 4 -
하루 10분, 종가베팅

종가베팅이란 주식시장의 종료 즈음 주식을 매수하는 것을 말한다. 동시호가에 매수할 수도 있고 종료 30분~1시간 전에 매수하는 것도 종가베팅의 한 종류라 할 수 있다. 종가베팅의 장점은 무엇일까? 종가에만 매수하기 때문에 장중 움직임에 휘둘릴 가능성이 없고 종료 직전 짧은 시간만 투자하기 때문에 직장인에게도 큰 부담이 없다는 점이다.

종가베팅에 유리한 시장은 상승장이다. 시가에 갭이 잘 뜨기 때문이다. 하락장에서는 종가베팅보다는 같은 종목에 대해 시가 베팅하는 것이 유리하다. 하락장에서는 종목들이 마이너스에서 시작될 확률이 높으므로 매수가격에서 유리한 측면이 있다.

종목 선정

거래대금 상위 100위 내에서 등락률이 10% 이상인 종목 중, 재료가 좋고 전고점을 뛰어넘거나 근방에 있는 종목을 관심 종목에 넣는다. 그리고 이후 패턴에 해당하는 종목을 대상으로 한다. 그리고 전고점 형성 이후 일봉상 일정 기간 횡보를 통해 바닥을 잘 다진 종목이 좋다. 앞서 같은 재료로 큰 상승을 보인 종목보다는 신선한 재료로 오랜만에 상승을 보인 종목이 좋다.

투자 난도가 높으므로 당일 주도주 종가베팅은 소액으로 충분한 연습이 필요하다. 당일 이미 급등이 나온 종목이기 때문에 장 막판 투매를 일으킬 수도 있기 때문이다. 특히 2등주의 경우 1등주를 따라가는 상승을 보이다가 장 막판 급락하는 경우가 많다. 위험성이 있는 종목일수록 장 마감 시간에 붙여 사야 한다. 20일선을 이탈하면 매매 대상에서 제외한다.

어디에서 사나? 매수 시점

3개의 매매패턴을 소개한다. 각 패턴이 반등의 가능성이 큰 지점이다. 다만 타점보다 우선하는 것은 종목 선정이다. 모든 종목이 이런 패턴이 나온다고 매수하는 것이 아니라 좋은 종목이 이런 패턴이 나올 때 상승확률이 높다는 의미이다. 타이트한 매매 대상 선정이 필요한 이유이다.

패턴 1 | 장대양봉 후 단봉

장대양봉 이후 다음 봉이 몸
통이 작은 단봉 형태의 경우이
다. 음봉, 양봉 여부는 상관없
다. 단봉은 매수와 매도의 공방
이 벌어지면서 소강상태로 끝

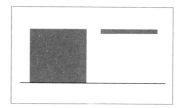

장대양봉 후 단봉 예시

난 경우에 나타난다. 단봉 형태가 발생한 날 분봉에서 장 초반 공
방을 벌이다가 장 막판에는 지지력을 보이며 횡보하는 흐름이 좋
다. 좋은 재료를 동반한 종목에서 이런 패턴이 발생하면 다음 날
상승할 가능성이 커진다. 당연한 이야기지만 매수시점에 재료가
여전히 매력적이고 유효해야 한다.

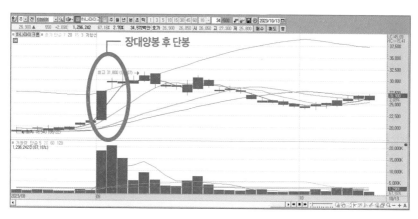

하나마이크론 일봉차트

하나마이크론은 삼성전자와 엔비디아의 HBM 계약 소식에 상한가를 기록한 후 다음날 단봉 형태의 패턴을 보여줬다. 다음날 하나마이크론은 고가 7%의 반등을 보여줬다.

패턴 2 | 연속 2음봉

종목이든 지수이든 연속된 2음봉이 나오면 기술적 반등이 나올 가능성이 크다. 종가가 저가로 끝나는 1음봉이라면 다음날도 음봉이 나올 가능성 또한 크다. 충분한 가격 조정이 나온 구간이기 때문에 반등의 가능성이 커진다. 재료는 물론 살아 있어야 한다.

대동은 농기구 자율주행을 재료로 상승했던 종목이다. 거래대금도 풍부했던 종목으로 2음봉 구간 후 큰 반등을 보여줬다.

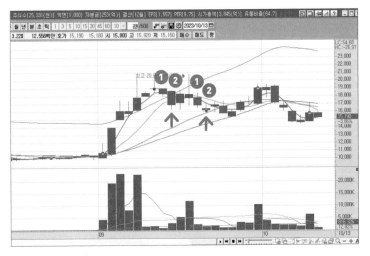

대동 일봉차트

한농화성은 전고체배터리 관련주이다. 전고체배터리는 전해질을 기존 액체에서 고체로 교체해 안정성과 성능이 높아 꿈의 배터리로 불린다. 삼성SDI가 사업추진팀을 신설했고 전고체 관련 국가사업이 예비타당성 조사를 통과해 좋은 재료에 속한다.

아래 일봉을 보면 12월 4일 첫 음봉이 발생했으나 이는 상승형 음봉에 해당한다. 이런 경우보단 하락형 음봉이 좋다. 따라서 12월 5일의 음봉 이후 6일의 단봉형 음봉에 매수하는 것이 더 좋다. 다음날 20% 넘는 반등이 나왔다.

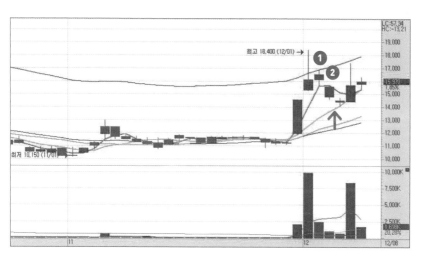

한농화성 일봉차트

패턴 3 | 당일 주도주

다른 매매에 비해 당일 주도주를 파악하는 것은 장중에 시간을 투입해야 하고 난도도 높은 편이다. 업무에 바쁜 날 해당 매매는 안 하는 것이 좋다. 급하게 매매하다가 2등주 등 좋지 않은 종목을 매매할 가능성이 커지기 때문이다.

당일 주도주는 거래 당일 거래대금을 동반한 등락률이 10% 이상인 종목을 대상으로 한다. 그런 종목 중 전고점 부근에 있는 종목들을 우선으로 한다. 이때 전고점과 현재 사이의 일정 기간의 횡보가 있는 것이 좋다. 장중 짬이 날 때 오늘 오르고 있는 종목들이 어떤 재료를 가졌는지 파악하고 종가베팅할 종목을 모색한다.

장 마감 무렵 거래대금은 증가하지만, 호가창은 얇아진다. 급하게 사거나 팔려고 하는 사람의 심리로 인해 걸어놓고 사거나 파는 수요보다 바로 사는 수요가 많아지므로 발생하는 현상이다. 이는 위기일 수도 있고 기회일 수도 있다. 장 막판 급등이나 급락이 나올 수 있기 때문이다.

이르면 2시 반 이후부터 종가베팅을 실행한다. 10분 봉 상 지지력을 보이는 종목을 매수하는 것이 포인트다. 당연한 얘기지만 좋은 종목을 좋은 자리에서 매수하면 수익이 난 채로 장을 마감할 수 있다. 차트만 볼 것이 아니라 재료가 좋아야 한다. 이때 주의해야 할 것은, 2등주보다는 1등주를 매매하는 것이다. 만약 1등주가 이미 상한가에 진입한 상태에서 2등주가 20% 이상 급등을 보이는 경우 2등주를 섣불리 매매하는 것은 위험하다. 2등주는 장 막판 급락이 나올 가능성이 크다. 시장에는 이미 상한가로 들어가 매매할 수 없는 1등주 대신 일시적으로 2등주에 매수세가 유입되어 오버슈팅이 나오지만, 다음날이 되면 1등주를 매매할 수 있기 때문에 장 막판 매물이 쏟아질 수 있다. 또한 1등주가 상한가에서 풀리게 된다면 2등주는 폭락이 나올 수 있기 때문에 이를 경계하는 매물이 장 막판 출회된다.

루닛은 상승 당일(11월 2일) 'AI로 암 치료 효과 예측한 연구 6건 美 학회서 발표'라는 재료를 가지고 올랐다. 여전히 많은 사람이 암으로 고통받고 사망하고 있기 때문에 파급효과가 있는 재료라 할 수 있다. 11월 9일 무상증자로 인한 권리락이 예정되어 있지만, 아직 시간이 좀 남아 있어서 종가베팅 하기엔 무리가 없어 보인다.

아래 일봉차트를 보면 바닥을 다진 후 전고점을 살짝 넘어서는 지점에서 종가를 형성했다. 그리고 다음 날 16% 이상의 상승을 보였다.

루닛 일봉차트

10분봉으로 조금 쪼개서 보자. 상승하던 주가가 1시 이후 조정
을 보였고 저점을 형성한 이후 2시 이후 한 번 더 그 저점을 지지하
는 모습을 보였다. 지지력을 확인한 2시 40분 부근이나 종가에 매
수했으면 다음 날 갭상승과 함께 큰 수익을 낼 수 있었다.

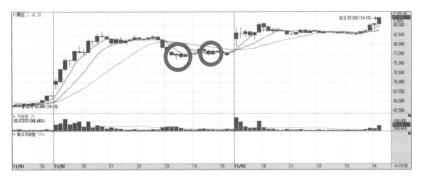

루닛 분봉차트

재료가 아주 좋고 추가상장 등 악재가 없는 경우에는 분봉차트의 모양과 상관없이 매수하기도 한다. 그래도 가급적 일봉은 전고점이나 신고가 영역이 좋다.

위메이드플레이는 위메이드의 자회사이다. 12월 6일 위메이드플레이는 '위메이드, 두바이에 게임센터만든다… 1,312억 원 펀드 조성'이라는 재료로 급등했다. 최근 추세는 중국과 연관된 뉴스보다 중동과 연관된 뉴스에 더 프리미엄을 준다. 종가기준 전고점 돌파, 고점 기준 전고점 부근에서 종가를 형성했고, 다음 날 9% 이상의 갭이 발생했다. 당시 비트코인은 연일 상승중이었고 위메이드의 코인인 위믹스의 흐름도 좋았기 때문에 종가베팅을 했다.

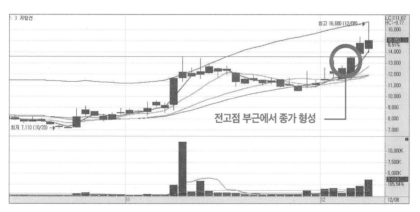

위메이드플레이 일봉차트

어디에서 파나? 매도 시점

종가베팅의 경우 종목의 재료를 판단하여 3~9% 분할매도를 한다. 처음에는 기계적으로 매도하다가 시장과 나의 판단을 맞춰가며 종목별로 매도 폭을 다르게 한다. 장 마감 시간보다 30분~1시간 이전에 산 경우, 장 마감 시 수익을 거두고 있다면 일부 물량을 수익 확정 짓는 것이 좋다. 장이 종료된 후 예약매도를 걸어두면 다음 날 크게 신경 쓸 필요가 없다.

나는 종가베팅을 한 종목에 비중 베팅하지 않기 때문에 수익이 나지 않더라도 다음날 바로 매도하지 않는다. 현금의 여유가 없다면 다음날 오전 반등하지 않으면 빠르게 자르기도 한다. 계좌 상태에 따라 유연하게 대응하는 것이 필요하다. 현금에 여유가 있고 악재가 발생하지 않았다면 폭에 대한 손절과 기간 손절 범위 내에서 홀딩한다.

어디에서 손절하나? 손절 시점

장중 매매의 손절도 2가지 형태로 넌다. 폭에 대한 손절과 기간에 대한 손절, 폭에 대한 손절은 20일선 이탈, 기간에 대한 손절은 매수일 포함 3~5일째 손절한다. 단발성 이슈라면 종가베팅 다음날 오전에 정리하는 편이 좋다.

나는 주식으로 월급 두 번 받는다

5장

비로소
월급으로부터 자유로워지다

돈을 많이 벌면 돈으로부터 자유로워질 줄 알았다. 월급의 노예에서 벗어나 꿈을 펼치고 행복해질 줄 알았다. 그러나 돈이 많으면 탐심은 더 커진다. 더 많이 벌고 싶고 더 많이 갖고 싶어진다. 나 또한 이미 주식으로 과분한 수익을 낸 상태였지만 더 큰 욕심을 부려 선물매매를 하다가 큰 손실을 입은 적이 있다. 욕심을 절제할 줄 알아야 좋은 투자자가 될 수 있다.

돈은 모름지기 지키고 관리하는 것이 중요한데 더 많이 벌고자 하는 욕심이 트레이딩을 망치고 그로 인해 계좌도 망가질 수 있다. 사람의 기억이라는 것이 얼마를 벌었느냐보다 나의 계좌 최고점에서 얼마를 잃었느냐가 더 크게 남기 마련이다. 이런 생각은 마음을 궁핍하게 만들고 많이 가졌지만, 많이 가지지 못한 자로 만든다. 운 좋게 많이 가진 자가 되었다면 그것에 감사하는 마음을 가지고 베풀 줄 알아야 한다. 나도 그렇게 되길 바라고 이 책을 읽는 독자들도 그렇게 되길 바란다.

이번 장에서는 주식시장에서 큰 성공을 거두고 난 후 여유자금을 통해 공모주투자, 파킹통장 운용 등 현금흐름을 만드는 방법을 소개한다. 이때 비로소 월급으로부터 자유로워질 수 있다.

– 1 –

경제적 자유?
하고 싶은 일을 할 수 있다

월급으로부터의 자유

우리에게 포근함을 주는 월급으로부터 자유해지는 방법은 간단하다. 무엇을 하든 직장에서 주는 월급보다 많은 소득을 올리면 된다. 그 순간 직장은 부업이 되고 더 많은 소득을 올리는 것이 본업이 된다.

그런 관점에서 보면 난 10여 년 전부터 투자자가 본업, 직장인이 부업이 된 상태이다. 체감상으로 내가 월급으로부터 자유해졌다고 느꼈을 때는 처음 투자 소득으로 월 1,000만 원을 찍었던 때였다. 그때 첫 자동차도 구매했다. 월 천. 세후 월급의 2배가 넘는

금액이다.

부업이 되었다고 대충해도 된다는 의미는 아니다. 회사에서는 직장인이 본업인 것처럼 일해야 한다. 월급이라는 안정적이고 탄탄한 기반 위에 다소 불안해 보이는 투자가 얹어질 때 그 시너지는 상당하다. 불필요한 에너지 소모를 줄일 수 있다. 상사의 부당한 지시에 맹목적 충성하지 않을 수 있고 회사의 사내 정치로부터 자유로워질 수 있다.

퇴직으로부터의 자유

돈을 버는 방법에는 3가지 방법이 있다. 근로소득, 사업소득, 자본소득이다. 근로소득은 일해서 돈을 버는 것으로 나와 같은 직장인이 해당한다. 사업소득은 사업해서 돈을 버는 것으로 자영업자나 기업체를 운영해서 돈을 버는 것이다. 자본소득은 내가 아니라 돈이 일해서 버는 소득이다.

임원이 되지 않는 이상 직장인이 근로소득을 통해 부자가 될 가능성은 없다. 대부분 부자들은 사업소득이나 자본소득을 통해 큰 부를 이루었다. 직장인은 큰 부를 이룰 가능성은 없지만 대신 크게 실패할 일도 없다. 안정감이 최대 장점이다.

주식이나 부동산 매매 차익도 자본소득이라고 할 수 있다. 그러나 좀 더 궁극적으로 내가 추구했던 자본소득은 월급의 '꼬박꼬박'

성을 가진 소득이었다. 위험성이 없는 소득. 월급 같은 소득. 투자 수익이 월급을 크게 상회할 때도 퇴직에 관한 생각은 별로 없었다. 월급으로부터는 자유로워졌지만, 퇴직으로부터는 자유로워지지 못한 셈이다.

이런 꼬박꼬박 들어오는, 위험 없는 소득이 월급을 넘어설 때 퇴직으로부터의 자유가 생긴다고 생각한다. 주식으로 안정적인 소득을 얻고 나서부터 월급과 같은 자본소득을 찾기 위해 큰 노력을 기울였다. 월급과 같은 자본소득을 낼 수 있는 방법으로 나는 공모주 투자와 파킹통장을 활용한다. 내가 위험성이 거의 없는 공모주 투자, 파킹통장 활용 등의 방법들을 제안했을 때 많은 사람은 이렇게 말한다.

"그거 돈 많아야 하는 거잖아? 그거 벌어서 뭐 해…."

내가 제안하는 '따박따박'성 자본소득은 월급 이상의 수익을 올리려면 많은 자본이 받쳐줘야 하는 것은 사실이다. 그러나 월급 이상의 자본을 얻지 못하더라도 최소한 아이들 한 과목 사교육비, 외식비 등은 충분히 커버해줄 수 있을 것이고 이런 투자를 통해 1원이라도 허투루 돌리지 않는 사람이라면 훗날 충분히 부를 누릴 수 있을 것이라 확신한다.

시드가 적다는 핑계로 투자를 하지 않거나 아직 부자가 되지 않았다는 이유로 돈을 놀리고 있으면 항상 제자리일 수밖에 없다.

- 2 -
1원도 놀리지 마라

　돈을 대하는 자세는 생각보다 중요하다. 대부분 주식으로 성공하는 사람들의 스토리에는 '깡통'이 있다. 난 깡통을 차본 적이 없다. 깡통 근처에도 간 적이 없다. 어떻게 이런 일이 가능했을까 생각해 보면, 1번이 리스크 관리이고 2번이 돈에 대한 자세가 아닐까 생각한다.

　1원도 놀고 있는 꼴을 못 보는 성격 때문이다. 내가 CMA RP를 매수하거나 파킹통장을 이용하는 것을 보면 몇 가지 반응들이 있다.

　'지지리 궁상이다.'

　'있는 놈이 더 한다.'

　'난 시드가 작아서 그렇게 해봤자 얼마 안 된다.'

맞다. 있는 놈이 더 한다. 많은 책과 유튜브 영상들을 보면서 확실히 나도 느꼈다. 있는 사람이 더한다. 그래서 있는 사람이 더 있게 되고 없는 사람이 더 없게 된다.

단기매매를 하게 되면 계좌의 주식 비중이 일정하지 않다. 주식은 체결일과 결제일이 다르기 때문이다. 체결되면 이틀 후에 결제가 이루어진다. 체결은 약속이고 실제 거래는 결제일에 이루어지는 것이다. 그래서 증권사의 예수금 화면을 보면 '예수금'은 오늘의 예수금, D+1은 1영업일 후 예수금, D+2는 2영업일 후 예수금이다.

장 마감 후 당일 예수금이 남은 경우에는 CMA RP를 매수한다. D+2 증거금에 여유가 예상되고 청약할 만한 좋은 공모주가 있는 경우 공모주 청약에 적극적으로 참여한다. 예수금이 여유롭지 않다면 균등 배정을 노리고 최소수량으로 공모주 청약한다. 커피값이라도 벌기 위해서다. 이처럼 '1원도 놀리지 않겠다'라는 마인드로 예수금을 활용해야 한다.

김승호 회장의 책 《돈의 속성》에서 돈을 다루는 4가지 능력으로 돈을 버는 능력, 모으는 능력, 유지하는 능력, 쓰는 능력을 제시한다. 이 4가지를 모두 갖추어야 부를 얻을 수 있다는 말이다.

이에 따르면 1원도 놀리지 않는 마인드는 돈을 유지하는 능력이다. 투자를 통해 자산을 늘려나가고 어느 선 이상의 자산이 생긴다면 이 유지하는 능력이 굉장히 중요해진다. 투자에 대한 리스크는 줄이고 자본을 통해 월급과 같은 확실한 수익원을 확보해야 한다.

절대 잃을 수 없다, 공모주 투자

주식시장에 대한 경험이나 실력이 부족한 사람에게 추천하는 투자가 있다. 바로 공모주 투자이다. 손실이 날 가능성이 없다고 생각하기 때문이다. 성공 경험을 쌓으며 주식시장을 간접 체험해 보기도 좋은 투자 방법이다.

이와 반대로 자산가에게도 공모주 투자를 권한다. 자산가에게 이보다 쉽게 현금흐름을 만드는 방법은 없다. 흔히 자산가들은 부동산을 소유하며 월세를 받는 현금흐름을 꿈꾸는데, 이때 소모되는 에너지가 생각보다 크다. 제때 들어오지 않는 월세에 스트레스를 받게 되고 "수도가 터졌다… 도배해달라…물이 샌다…" 세입자가 쏟아내는 각종 민원에 시달린다. 그러나 공모주는 그런 스트레스가 전혀 없다. 심지어 돈이 묶이지도 않는다.

사업하는 사람들의 꿈은 주식 상장이다. 자본금을 가지고 사업을 시작하고 사업을 키우고 싶을 때 투자자를 공개적으로 모집한다. 투자자를 공개적으로 모집하여 주식시장에 상장하는 절차가 기업공개IPO, Initial Public Offering 이다. 물론 거래소나 코스닥의 상장 조건을 충족해야 가능하다. 일반적으로 기업공개 시 시장에서 평가

받는 가격보다 낮은 가격으로 공모한다. 그래서 실제 주식시장에서 상장할 때 공모가보다 높게 시작하는 것이 일반적이다. 그러나 가치 평가상 오류, 시장 분위기 등으로 공모가를 밑도는 종목들도 발생한다.

나는 기업공개에 있어 가치산정을 크게 신뢰하지 않는다. 그래서 수요와 공급 측면에서만 따져 공모주 투자에 임한다. 이 방식으로 공모주 투자를 해서 손실이 난 적이 한 번도 없다. 코로나19 이후 공모주 열풍이 불었던 때는 따상상도 속출했었다. 지금은 기대수익률이 많이 낮아졌지만 그래도 은행 이자 대비 훨씬 큰 수익을 낼 수 있다. 그 방법을 자세히 소개한다.

공모주 투자의 기준은 기관 수요예측이다. 기관 수요예측이란 공모주 청약에 앞서 기관투자자가 발행회사의 증권신고서와 투자설명서를 참조하여 대표주관회사에 매입 희망 수량과 가격을 제시하는 것이다. 이를 기본으로 공모가격도 정해진다. 수요예측을 통해 공모주 청약의 흥행 여부를 예측할 수 있다.

청약이 흥행한다는 것의 의미가 무엇일까? 경쟁률이 높다는 뜻이다. 경쟁률이 높다는 것은 수요가 공급을 크게 앞선다는 것이다. 주식뿐 아니라 부동산 시장에도 청약이 있다. 부동산 청약은 2년 후 지어질 아파트에 대한 것이다. 불확실성이 매우 높다. 막상 입주할 때 마피(마이너스 피)가 발생하기도 한다. 그런데 주식은 그렇지 않다. 이틀 후 배정주 수가 정해지고 일주일 정도 뒤에 실제 주식이 입고되고 바로 거래할 수 있다.

당신이 아직 공모주 투자를 한 적이 없다고 가정하고, 투자 방법을 단순하게 작성해 보겠다. 방법은 철저히 '내 기준'임을 참고하길 바란다.

1 | 주식 계좌 만들기

공모주 청약을 하기 위해서는 주관사의 주식 계좌가 필요하다. 요새는 대부분 비대면으로 주식계좌를 만들 수 있다. 청약 당일에 만든 계좌는 청약에 참여를 제한하는 경우가 있으므로 미리 만들어 두는 것이 좋다.

삼성증권, 한국투자증권, 미래에셋투자증권, NH투자증권, 대신증권 등 IPO 강자인 증권사의 계좌는 우선적으로 꼭 만들어야 한다. 증권사에 따라 신규계좌 개설 후 20일 영업일 간 다른 증권사의 신규계좌 개설을 막는 경우가 있으니 유의해야 한다. IPO 공모를 임박해서 만들기보다 시간이 될 때 미리 만들어 두어야 하는 이유다.

2 | '공모러' 앱 설치, '38.co.kr' 즐겨찾기

과거에는 38.co.kr에서 일정이나 세부 정보 확인이 가능했으나 공모주 열풍 이후 유튜브나 앱으로 정보 접근이 가능해졌다.

38.co.kr에 접속하여 'IPO/공모 > 공모주청약 일정' 메뉴를 들어가면 청약 일정과 상세정보를 얻을 수 있다. 웹으로 접속하기 번거롭다면 공모러와 같은 스마트폰 앱을 설치하여 이용해도 무방하다.

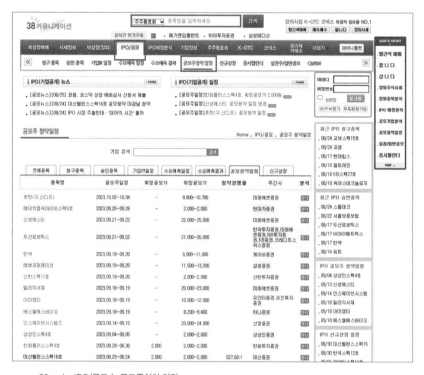

38.co.kr, IPO/공모 > 공모주청약 일정

공모러 같은 공모주 관련 앱을 설치하거나 은행이나 증권사의 알림 설정으로 공모주 정보를 얻어 올 수 있다.

3 │ 가까운 일정 내 기관경쟁률 확인

공모주 청약 일정이 임박한 종목은 기관을 대상으로 수요예측을 진행한다. 2023년 7월 1일 이후 증권신고서를 제출한 기업을 대상으로 기관의 허수성 청약이 금지되면서 기관의 수요예측 결과가 반 토막 났다.

그래서 7월 1일 이전 증권신고서를 제출한 기업에 대해서는 수요예측 결과가 1,000:1을 상회하는 종목만 청약하였다. 그리고 이후에는 500:1을 웃돌면 청약한다. 아직 제도 초기이기 때문에 경쟁률과 시가 간 상관관계를 트래킹 중이다. 통계를 내보면서 청약의 기준이 되는 수요예측 경쟁률을 늘리거나 줄일 수 있다.

다만 SPAC Special Purpose Acquisition Company 주는 제외한다. SPAC은 실체가 존재하지 않는 페이퍼 컴퍼니로 기업인수합병을 목적으로 설립되는 회사이다. 합병에 성공하기 전까진 2,000원 근방에서 움직이는 것이 보통이다. 따라서 SPAC 주식의 경우 공모가 대비 큰 상승을 기대하기 힘들다.

단, 두산로보틱스, LG에너지솔루션 등 초대형 공모주는 해당 경쟁률을 적용하면 안 된다. 시장의 자금은 한정적이고 초대형 공모주의 경우 공모금액이 크기 때문에 경쟁률이 높기 힘들다. 이런 경우 국민적 관심까지 모였다면 반드시 참여한다. 국민적 관심이라는 것은 언론에 대서특필되거나 친구들이 모인 단톡방 등에 자주 거론되는 것이다.

주요일정	수요예측일	2023.08.08 ~ 2023.08.09			
	공모청약일	2023.08.14 ~ 2023.08.16			
	뻐정공고일(신문)	2023.08.18 (주간사 홈페이지 참조)			
	납입일	2023.08.18			
	환불일	2023.08.18			
	상장일	2023.08.24			
공모사항	확정공모가	12,000 원	주당액면가 : 500 원		
			희망공모가액 : 9,200 ~ 10,600 원		
	총공모주식수	1,159,900 주	공모금액 : 13,919 (백만원)		
	그룹별배정	우리사주조합	주		청약증거금률 : 100%
		기관투자자등	811,930~869,925 주 (70~75%)		최고한도 : - 주
		일반청약자	289,975~347,970 주 (25~30%) 청약 최고한도 : 14,000~17,000 주		청약증거금률 : 50% 최저 : - 주
IR일정	IR일자	2023.08.08	IR장소/시간		기관 : 한국IR협의회-온라인 PM 03:10 일반 : 한국IR협의회-온라인 PM 04:30
수요예측결과	기관경쟁률	1,544.73:1	의무보유확약		3.14%
신규상장	신규상장일	2023.08.24	현재가		33,400 원 (5.86%)

기관경쟁률

시큐레터라는 종목을 살펴보자. 이 종목은 7월 1일 이전 증권신고서를 제출한 기업이다. 수요예측결과(기관경쟁률)를 보면 1,544.73:1의 높은 기관경쟁률을 기록한 것을 볼 수 있다. 제도개편 이전 1,000:1 경쟁률을 기준으로 청약했고 이렇게 청약한 종목 중 원금 손실이 발생한 종목은 단 한 종목도 없다. 공모주의 핵심은 큰 수익을 얻는 것이 목적이 아니라 손해 보지 않는 것이다. 확실한 수익만 챙기는 것이다.

4 │ 둘째 날 청약

일반적으로 공모청약은 양일에 걸쳐 이루어진다. 나는 이틀째 청약한다. 둘째 날까지 경쟁률을 살펴보려는 이유도 있지만 가장 큰 이유는 돈이 묶이는 시간을 하루 줄이기 위함이다. 최근 금리 상승으로 CMA RP나 파킹통장이 연이율 2%대 이상의 이자를 지급한다. 하루만 맡겨도 이자가 지급되기 때문에 이를 활용하면 추가 수익을 얻을 수 있다.

아울러 해당 자금을 하루 동안 더 예수금으로 두고 좋은 종목이 있을 경우 청약에 참여하지 않고 매매를 진행할 수 있다.

5 | 상장일 매도

공모주 투자의 핵심 원리는 수요와 공급이다. 기관경쟁률을 통해 수요와 공급상 공급 대비 수요가 월등히 많음을 확인하고 그 수요와 공급의 불균형이 유효한 기간 안에 주식을 청산하는 것이 핵심이다. 이런 수요와 공급의 불균형이 가장 유효한 순간이 상장일이다. 상장일 중에서도 시가가 가장 확실한 구간이다. 그래서 난 가장 확실한 구간인 시가에 모두 매도한다.

물론 상장일 이후 해당 주식이 추가로 상승하는 때도 많다. 그러나 이것은 불확실한 구간이다. 확실한 구간에서 확실한 수익만 챙기는 것이 핵심이다. 제도변경 이후 시초가는 공모가의 60%~400%까지 형성할 수 있다. 즉 공모가의 따따블(4배)까지 상승이 가능한 것이다.

아래는 수요예측 결과 500:1이 넘는 종목의 청약경쟁률, 공모가, 시가 그리고 종가를 보여준다.

‖ 공모주 수요예측과 결과 ‖

종목명	수요예측	청약경쟁률	시초/공모(%)
그린리소스	753.19:1	590.07:1	73.53%
한선엔지니어링	709.55:1	1141.25:1	137.14%
스톰테크	573.97:1	499.64:1	71.73%
캡스톤파트너스	952.78	1345.55:1	75%

수요예측에서 높은 경쟁률을 보인 종목은 실제 청약경쟁률에서도 높은 경쟁률로 나타났고 상장 이후 시가 형성도 좋은 것을 확인할 수 있다. 우리가 확실한 수익 구간을 확보하려면 경쟁률이 500:1을 넘는 것이 좋다.

38.co.kr에 가서 수요예측에 따른 시가가 어떻게 형성되는지 몇 달간의 데이터를 살펴보면 확신을 가질 수 있을 것이다.

남은 예수금은 파킹통장으로

단기매매를 하다 보면 예수금이 가변적으로 발생한다. 다음날 다시 매매에 활용해야 하므로 적금같이 돈이 묶이는 상품에 예치는 불가능하다. 이런 남는 예수금을 활용하는 방법을 소개한다.

파킹통장은 수시입출금 통장처럼 입금과 출금이 자유롭지만, 하루만 돈을 맡겨도 약정한 금리를 지급하는 상품이다. 케이뱅크 기준 연 2.3%의 이자를 지급한다. (2023년 12월 9일 기준)

시중은행, 인터넷은행, 저축은행에 파킹통장 상품이 있다. 저축은행의 금리가 세지만 나의 경우 인터넷은행의 파킹통장을 이용한다. 그 이유는 안정성과 편의성이다. 인터넷은행은 제1금융권이며 예금자보호법에 따라 5,000만 원까지 예금자 보호가 된다. 그리고 언제든 앱을 통해 간편하게 이체를 할 수 있다.

증권사에도 비슷한 상품이 있다. CMA Cash Management Account 로 수시입출금이 가능하며 고객이 예치한 돈을 국공채, 기업어음, CD 등에 투자하여 수익을 제공한다. 파킹통장과 마찬가지로 이자가 발생한다. 다만, 예금자 보호가 되지 않는다.

키움증권의 경우 CMA RP에 대해 3.4%(2023년 10월 16일 기준)의 이자를 지급한다. 파킹통장 대비 위험성이 좀 더 높기 때문에 더 높은 이율을 제공한다. 나의 경우 장이 끝나면 남은 예수금을 CMA RP(환매조건부 매매)를 매수하고 다음 날 장 시작 전 CMA RP를 매도하여 주문 가능 현금을 확보한다.

귀찮긴 하지만 놀고 있는 예수금을 파킹통장이나 CMA에 예치해놓으면 공돈을 얻을 수 있다. 1년 동안 1억 원의 예수금을 잘 활용하면 세금을 제하고 2.3% 파킹통장 단리로 예치 시 1,945,800원을 3.4%의 CMA RP 예치 시 2,876,400원의 이자를 받을 수 있다. 복리 예치 시에는 더 큰 수익이 가능하다.

투자의 분산, 미국에 장기투자하라

소위 말해 '단타'를 치는 사람에게 가지는 선입견이 있다. 바로 야수의 심장을 가졌다는 것. 주변 사람들이 나에게도 그런 소리를 한다. 야수의 심장을 가진 것 같다고…. 하지만 난 쫄보다. 리스크를 정말 싫어한다. 역설적이게도 그래서 단기투자를 한다. 리스크를 오랫동안 안고 싶지 않아서다.

투자할 때 중요한 것은 선입견 없이 시장에 맞는 투자를 해야 한다는 것이다. 한국은 단기투자가 미국은 장기투자가 적합하다.

자산이 많아질수록 분산이 중요해진다. 자산이 많아진 상태에서 군이 리스크(불확실성)를 많이 질 필요는 없기 때문이다. 지키는게 더 중요한 시점이다.

나의 경우 1차적으로 주식 투자로 얻은 이익을 주거를 위한 부동산에 이전을 많이 시켰다. 시세차익의 목적은 아니다. 주거의 안정과 생활의 편의를 높이며 불확실성이 적은 자산으로 분산시키기 위함이다. 그리고 다른 분산 중 하나로 미국 주식을 선택했다. 주식을 또 주식으로 분산한다니, 이게 과연 리스크를 줄일 수 있는 것인가 싶을 것이다. 하지만 미국 주식 특성이 있다. 바로 거래가 달

러화로 이루어진다는 것이다.

달러는 기축통화이자 안전자산으로 경제위기가 발생할 때마다 상승한다. 주식 자체는 리스크가 있는 자산이라 할 수 있지만, 아이러니하게도 리스크에 노출될 때 환율이 오르기 때문에 위기가 헤지hedge 된다. 아래 그래프에서 볼 수 있듯이 금융위기 때마다 달러는 안전자산 쏠림현상으로 인해 원화 대비 가치가 급등한다. 2008년 금융위기에는 원달러환율이 1,598원까지 상승했고 2022년 금리 상승기에도 1,445원까지 상승한 이력이 있다. IMF 시기에

금융위기 시 달러 환율

는 무려 1,962원까지 환율이 치솟았다. 달러는 원 자산을 주로 매매하는 사람에게 최고의 분할 투자 대상이다. 이 시기 미국주식이 급락하더라도 원화 환산평가금액은 오히려 상승할 수 있다.

그리고 미국시장은 계속 우상향했다. 미국시장은 국내시장과 다르게 자사주 매입 후 소각하여 주주가치를 올리며 지속해서 배당하여 주주가치를 높인다. 그리고 주식이 오르면 주주가치를 높이기 위해 액면분할을 한다. 미국의 대표적인 주식, 애플은 발행주식 수가 지속해서 감소하고 있다. 이는 자사주 매입 후 소각하면서 주당 가치를 높인 것이다.

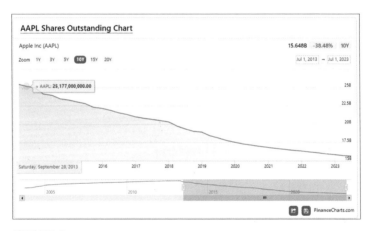

애플의 주식 수

2022년 기준 한국의 배당성향은 20.1이고 미국은 40.5로 미국이 2배 이상 높다. 국내 주식을 매매하다 보면 주식회사가 주주를 위한다는 생각이 들지 않는다. 이중 상장되어 더블 카운팅 이슈가 발생하기도 하며 주가가 오르면 대주주, 임원이 매도하고 자사주는 소각이 아닌 고점에 처분하기 일쑤다. 전환사채, 주주배정 유상증자 배정을 남발하여 주주의 뒤통수 치는 데도 선수다. 게다가 상속세 이슈 때문에 나이 많은 대표들은 주가가 오르는 것을 반기지 않는다.

‖ 최근 주요국 배당성향(배당금/당기순이익) 비교 ‖

연도	한국	미국	영국	독일	프랑스	일본
2017	14.9	51.2	83.4	45.6	53.7	30.7
2022	20.1	40.5	45.7	40.8	39.3	36.5

출처: 블룸버그

나는 미국 주식을 크게 2가지 포트폴리오로 운영한다. 첫 번째는 대형주와 기술주 위주의 포트폴리오이고 두 번째는 마법 공식 기반의 포트폴리오이다.

미국의 대형주와 기술주 위주의 포트폴리오를 운용하는 이유는 간단하다. 미국 기업이 세계를 씹어먹고 있기 때문이다. 특히 온라인을 기반으로 하는 빅테크 주식은 세계를 호령한다. 지리적 제한이 전혀 없기 때문에 1등이 독식하는 구조다. 그런 기업이 모두 미국에 있다. 언어적 제한이 있었으나 번역기술, AI 기술로 이런 제한은 없어져 간다.

명품을 제외하고 세계를 씹어 먹는 기업이 모두 미국에 있다. 우리가 지금도 소비하고 사용하는 브랜드에 투자한다. 미국의 시가총액 상위 주식 중 지리적 제약이 없는 주식들을 중심으로 매수하고 있다.

두 번째 포트폴리오의 매수 기준이 되는 마법공식은 조엘 그린블란트가 지은 《주식시장을 이기는 작은 책》에서 나온 방법이다. 좋은 회사(자본수익률이 높은 회사)를 염가(높은 이익수익률을 주는 가격)에 사는 방법이다. 미국에 상장된 기업을 자본수익률과 이익수익률 기준으로 각각 순위를 매기고 그 순위를 합쳐 그 값이 낮은 30종목을 사는 방법이다. 그리고 1년마다 포트폴리오를 리밸런싱하는 것을 반복한다. 책에 따르면 1988년~2004년 미국 3,500대 기업을 대상으로 한 백테스트에서 연평균 30.8%의 수익을 올렸다. 반면 같은 기간 S&P는 연평균 12.4%의 수익을 올렸다. 장기투자에 적합한 아이들 계좌도 같은 방법으로 운용하고 있다.

저자는 자신의 홈페이지(https://magicformulainvesting.com)에 마법공식 순위를 무료로 공개하고 있어 굳이 일일이 순위를 계산할 필요 없이 매년 기계적으로 매매할 수 있다.

나는 주식으로 월급 두 번 받는다

6장

당신의 10년을 아껴드립니다

2002년 주식을 시작했으니 투자를 한 지 벌써 20년이 넘었다. 처음 주식을 시작했던 때를 회상해 본다. 당시 나는 대학교 1학년이었고 주식에 대한 아무런 지식 없이 용돈을 모아 마련한 400만 원을 가지고 무작정 뛰어들었다. 처음 했던 매매가 아직도 생각난다. 당시 구독하고 있던 전자신문에 어떤 종목에 좋은 뉴스가 나오는 것을 보고 묻지 마 장기투자를 했었다. 처음 투자했던 종목은 중간에 팔긴했지만, 지금은 상장폐지 되었다. 이제 와 생각해 보면 광고성 신문 기사이거나 단순히 회사의 입장을 담은 기사였는데 재료소멸 된 종목에 장기투자한 셈이다. 400만 원은 순식간에 300만 원이 되었고 주식시장의 무서움을 몸소 경험하고 서점에 있는 주식투자 서적을 모조리 읽었다. 그렇게 매일 주식과 씨름했지만 이후 10년간 주식을 통해 수익을 내지 못했다. 가치투자, 장기투자, 우량주투자에서 벗어나 단기투자를 하기 시작하면서 다행히 수익을 내기 시작했고 꾸준한 수익이 10년간 지속되고 있다.

애플의 스티브 잡스Steve Jobs는 스탠포드대학교 연설 중 "점을 연결하는 일Connecting the dots"에 관해 이야기한 적이 있다. 삶의 여정과 궤적은 어떤 형태로든 미래로 연결된다는 것이 골자이다. 나의 투자 인생 처음 10년간 계좌는 우상향하지 못했지만, 그때 쌓은 경험과 지식이 이후 10년의 투자 방향과 실력으로 연결되었다고 느낀다.

　20년간 장기투자, 단기투자 등 현물투자에서부터 ELW, 주식선물 등 파생상품까지 거래하면서 얻은 유무형의 노하우들을 여기에 소개한다. 이 책을 읽는 독자는 내가 겪은 10년의 시행착오 시간을 줄일 수 있었으면 좋겠다.

- 1 -
시작하는 투자자에게

나만 두고 가지 마! 쏠림 현상

'남아선호 中, 신부 모자라 원치 않은 독신남 300만' (2023년 9월 13일, 동아일보)

중국의 남아선호 현상 때문에 신부 모시기를 위한 지참금이 급증하고 비자발적 독신 증가, 출산율 저하로 이어지는 악순환이 이어지고 있다고 한다. 이처럼 지나친 쏠림은 부작용을 낳고야 만다.

세상은 돌고 돈다. 우르르 몰려가서 끝이 좋은 적이 없다. 지금은 외고가 정원 미달이 날 정도로 이과 쏠림 현상이 심하지만, 02 학번인 내가 고등학교에 다닐 때에는 이과 기피 현상이 심했다. 그래서 문과보다 대학 입학도 취업도 쉽게 했다. 심지어 전문연구요원 등 병역특례 혜택도 본 이들이 많다. 그리고 몇 년 후 프로그래머를 중심으로 이과 출신들이 대접받는 세상이 되었다.

2011년 122.7:1을 기록하던 7급 공무원 경쟁률은 2023년 40.4:1을 기록 중이다. 교대도 마찬가지다. 1998년 외환위기 이후에는 교대 입학점수가 대폭 향상됐고 서울 상위권 대학에 합격하고도 지방 교대를 가는 것을 심심치 않게 볼 수 있었다. 하지만 지금은 공무원의 월급이 적다는 인식과 교권 하락으로 경쟁률이 급하락하고 있다.

사회적인 현상에 관한 이야기를 주식으로 옮겨가 보자. 네이버, 카카오, 라인, 쿠팡, 배달의 민족 등 IT 기업이 고급인력을 모두 흡수하던 시기 '네카라쿠배'라는 말이 유행했고 관련 주식들도 하늘 높은 줄 모르고 가격이 치솟았다. 하지만 이내 주가는 빠졌다. 비슷한 시기 코인 열풍을 등에 업은 P2E Play to Earn 관련 게임 업체(대표적으로 위메이드)들의 주가도 엄청난 상승 후 하락했다.

차화정(자동차, 화학, 자동차), BBIG(바이오, 배터리, 인터넷, 게임) 등 주도주 연합에 끼어 있던 종목들은 하나같이 큰 하락을 겪었다. 나라 이름을 엮은 브릭스 BRICs (브라질·러시아·인도·중국·남아프리카공화국의 신흥경제 5국을 일컫는 용어) 펀드도 광풍을 탔지만, 해당 국가의 증시는 이후 크게 하락했다. 시대의 흐름을 잘 따라가는 것도 중요하

256

지만 모두가 확신을 가지는 시기 그곳에 탑승하게 되면 설거지를
담당할 뿐이다.

인생도 주식도 누구나 뛰어들고 싶어 하는 너무 인기가 많은 곳
은 조심해야 한다. 켄 피셔Ken Fisher의 역발상 투자를 기억해야 한
다. 현재의 눈으로 미래를 바라보면 장밋빛이 펼쳐진다. 그래서 더
비싼 값을 주고서라도 사고야 만다. 그 끝은 항상 똑같은 실패다.

주식시장에서 쏠림은 오버슈팅을 만들어내고 그 안에서 매매의
기회가 발생하기도 한다. 그러나 적당한 때에 빠져나오지 못하면
큰 손실을 입고만다. 성공적인 투자자가 되려면 대중의 광기를 읽
고 활용하되 휩쓸리지 않고 주관과 명확한 원칙을 가지고 투자를
해야한다. 투자도 인생도 남들과는 달라야 성공할 수 있다.

항상 시장 안에 있어야 하는 이유

주식에도 기출문제가 있다. 인생은 돌고 돌고 주식시장도 역사
를 반복한다. 그래서 항상 시장 안에 있는 것이 중요하다. 그래야
같은 패턴이 발생할 때 상승 초기에 함께 탑승하거나 하락 초기에
탈출하는 것이 가능하다. 혹자는 상승장에만 투자하라고 하지만,
그것이 말처럼 쉽지 않다. 시장 안에서 때로는 얻어맞으면서, 쥐어
터져 가면서 배우는 것이 각인된다.

내용은 다소 다를 수 있으나, 같은 카테고리 안에 있는 일들이 시장에서 반복해서 벌어진다. 우리나라 대통령 임기는 5년 단임제이다. 5년마다 대선이 열리고 그 주기마다 대선 테마주가 생겨난다는 의미다. 선거 주기마다 패턴이 달라지긴 하지만 큰 틀에서 변하지 않는다. 나는 주식 시작 이후 네 번의 대통령 선거를 치러봤고 그를 통해 몇 가지 패턴을 발견했다. 가장 많이 오르는 주식은 당선자라기보다 가장 경쟁력 있는 새로운 주자 관련주가 많이 오르며 차트적인 관점보다는 뉴스의 관점에서 매매에 임해야 한다는 것이다. 그리고 대선주는 초기 인맥주를 중심으로 상승하다가 정책주로 그 중심이 옮겨간다.

다른 테마는 어떤가? 메르스, 코로나19 등 질병 관련주는 이름을 달리하지만, 주기적으로 반복되고 미세먼지, 여름 무더위 관련주, 폭우/폭설 관련 주도 매해 같은 패턴으로 움직인다. 좀 더 거시적 관점에서 보면 IMF, 글로벌 금융위기, 코로나19 등 폭락 장의 패턴도 유사하기 때문에 이를 시장 안에서 경험하고 다음 위기 때 그 경험을 잘 활용하면 큰 수익을 얻을 수 있다.

대세 하락장에 나타나는 패턴들은 주도세력(주로 외국인)의 현 선물의 일일 1조 이상의 대량 매도를 동반하며 하락의 끝은 보통 반대매매의 클라이맥스 부분에 일어난다. 반대매매 클라이맥스 때 주도세력의 대량 순매수 전환이 일어난다.

다만 이것을 시장 밖에서 바라만 보는 것과 안에서 직접 경험하는 것은 천지 차이다. 폭락장이라 하더라도 주도주나 테마주가 존재하기 때문에 모든 주식이 하락하지 않는다. 코로나19 시기에도 시가총액 상위주식들은 모두 폭락했지만, 씨젠 등 코로나 관련주나 언택트 관련주는 큰 상승을 보였다. 시장에서 떠날 것이 아니라 비중조절을 하거나 인버스 ETF 등으로 헤지하면서 시장과 늘 함께해야 한다. 이를테면 상승기에 종목당 투입금액을 100으로 한다면, 시장이 좋지 않을 때는 이를 50으로 줄여보는 것이 방법이 될 수 있다. 이와 함께 'KODEX 인버스', 'KODEX 코스닥150선물인버스'와 같은 지수와 역방향으로 가는 ETF를 매수한다면 지수 하락에 대한 리스크는 헤지하고 개별주식의 수익률을 높이면 시장을 이기는 투자자가 될 수 있다. 나 또한 코로나19 초창기 인버스 ETF를 매수하고 개별종목은 코로나19 관련주를 매매하면서 코로나로 인한 초기 급락장을 무사히 견딜 수 있었다.

레버리지를 써도 될까?

우리나라 사람들 대부분은 부동산을 사면서 큰 레버리지를 일으킨다. 그렇게 할 수밖에 없는 이유는, 부동산은 비교적 안전하다는 인식과 레버리지를 일으키지 않으면 도저히 살 수 없는 가격이기 때문이다. 레버리지는 양날의 검이다. 레버리지를 통해 내 자산으로는 도저히 꿈꿀 수 없는 수익을 얻을 수 있으나, 수익을 올리지 못하면 과도한 이자 발생으로 돈의 노예가 되기도 한다.

레버리지를 쓰는 이유는 시간을 조금이라도 당기기 위함일 것이다. 다만 잘 쓰면 시간을 몇 년 당길 수도 있지만, 시간을 몇 년 뒤로 미루게 되는 역주행의 결과를 낳을 수도 있다. 주식시장을 통해 꾸준한 수익을 올릴 수 있다면 굳이 레버리지를 쓸 필요는 없다고 생각한다. 레버리지 사용 후 반대의 결과가 나타났을 때 스트레스가 극심하기 때문이다. 주식시장에서 오래 살아남으려면 교만을 버리고 겸손해야 한다.

주식시장에서 레버리지는 신용, 미수, 그리고 선물 등 파생시장이다. 신용은 매수 시 필요한 자금을 증권사로부터 대출받아 거래하는 것이다. 현금 미수는 종목의 증거금률에 해당하는 금액을 초과하여 주식을 매입한 뒤 결제일에 결제대금이 부족한 경우이다.

신용거래에는 이자가 부담되며 담보비율 140% 이상의 주식평가액이나 현금을 유지해야 한다. 증거금률이 40%라면 400만 원으로 1,000만 원의 주식을 살 수 있다. 담보비율은 대출금액 600만 원의 140%인 840만 원이다. 풀 신용으로 주식을 샀다면 해당 주식의 평가금액이 840만 원 미만이면 그 차액만큼 입금하지 않으면 주식이 반대매매 나갈 수 있다.

미수 거래를 살펴보자. 증거금률이 40%인 주식을 1,000만 원에 해당하는 수량을 현금 매수하려면 매수 순간에는 400만 원만 있으면 된다. 그러나 실제 결제가 이루어지는 이틀 후(D+2)에는 나머지 600만 원을 납입해야 한다. 이때 미수금을 납부하지 않으면 미수 동결계좌로 지정되고, 한 달 동안 미수를 사용할 수 없게 된다. 마찬가지로 담보비율 이하로 주가가 내려가면 반대매매가 발생한다.

난 신용은 항상 사용한다. 레버리지를 일으키기 위함이 아니라 현금 관리를 위함이다. 눌림매매를 주력으로 하고 있기 때문에 장이 무너지는 날에는 많은 종목이 매수되면서 때때로 현금이 부족해진다. 이를 방지하기 위해 현금이 충분하더라도 신용이 되는 종목은 신용으로 매수하는 편이다. 내가 가장 경계하는 것은 미수 동결계좌가 되는 것이다. 이를 방지하기 위해 잘해야 하는 것이 손절이다. 단기매매를 하는 사람은 현금이 잘 돌아야 한다. 미련을 갖고 손절을 잘 치지 못하면 계좌에 현금이 줄어들어 사야 하는 종목을 사지 못하게 된다.

충분한 실력을 갖추었다고 하더라도 레버리지를 일으키기 위해 미수, 신용은 쓰지 않는 것이 좋다. 실력이 없는 상태에서의 신용, 미수는 깡통의 지름길이다. 절대 쓰지 말아야 한다.

나는 한 달에 몇백 퍼센트를 내는 유행의 투자자가 아니다. 매달 10% 안팎의 수익률을 꾸준히 내는 투자자다. 과거에 증권사에서 주최하는 실전투자대회에 나간 적이 있다. 입상을 위해서는 보통 수백 퍼센트의 수익률을 내야 한다. 그에 대한 욕심 때문에 무리하게 신용과 미수를 쓴 적이 있다. 결과는 폭망이었다. 신용과 미수의 과도한 사용은 아홉 번 성공해도 한 번 실패하면 돌이킬 수 없는 결과를 가져올 수 있다는 점을 기억하자.

선물도 마찬가지다. 선물은 레버리지가 10배다. 전체적으로 내 관점이 맞았다고 하더라도 일시적인 잔파동에도 깡통을 찰 수 있다. 증거금의 압박은 생각보다 크다. 내가 주식을 하면서 처음으로 실패라고 생각했던 일도 선물 거래를 하면서 일어났다. 장기적으로 내 예측이 맞을 수 있으나 언제 맞을지는 알 수 없다. 그 사이 레버리지로 인해 증거금이 부족하여 강제 청산되어 깡통이 날 수 있다.

투자를 하는 데 있어 수익을 깔고 가는 것은 중요하다. 심리적 안정감이 매매에 있어 큰 장점이 있다. 미수와 신용, 그리고 선물은 심리를 다스리는 것이 굉장히 어렵다. 증거금을 메꾸는 상황은 굉장히 공포스럽고 이런 심리 상태에서 제대로 된 매매를 할 수 없다.

나의 자산을 트래킹 해야 한다

기업은 분기가 끝날 때마다 재무제표를 발표한다. 그 기업이 얼마나 돈을 보유하고 있고 얼마나 버는지 재무제표를 통해 확인할 수 있다. 기업의 재무제표만큼 세세할 필요는 없겠지만, 가정에도 재무제표를 작성해야 한다.

자신이 얼마나 있는지 자산이 늘어나고 있는지 줄어들고 있는지 모르는 사람이 많다. 본인이나 가정의 재정 상태를 아는 것은 굉장히 중요하다. 늘어나지도 않는 자산을 트래킹하는 것이 괴로운 것을 나도 잘 안다. 심지어 줄어든다면 자괴감마저 들 것이다. 하지만 현실을 직시하지 않으면 아무 변화도 일어나지 않는다. 이런 과정들을 통해 목표를 좀 더 명확하게 할 수 있으며 계획을 세울수 있다.

나의 경우 자산, 부채, 자본, 그리고 유동화가 가능한 현금성 자본을 따로 매달 기록하려고 노력한다. 그리고 자산은 다시 주식, 해외주식, 부동산 등으로 세분화한다. 이렇게 매달 증감 부분을 트래킹한다.

한 가지 더 추가해야 하는 것이 있다. 매달은 아니더라도 분기에 한 번쯤은 내가 살고 싶은 부동산 후보지의 매매와 전·월세 가격 정보를 파악하는 것이 좋다. 그리고 그 부동산 가격과 나의 현금성 자본의 차이를 계산하여 목표를 구체화하고 더 정밀한 계획을 세울 수 있다.

새로운 방법을 고안해야 한다

기업도 매번 새로운 성장동력을 찾는다. 매매도 그리해야 한다. 절대적인 법칙 같은 건 없다. 시장은 변한다. 상한가가 15%에서 30%로 바뀌었을 때를 생각해보자. 기존 15% 시절에는 상따의 난 이도가 상대적으로 쉬웠다. 하지만 지금은 상한가 한 번으로도 큰 수익이 나기 때문에 상한가에서 풀리고 10% 이상 밀리는 경우도 많다. 상한가 따라잡기를 주력으로 매매하는 사람에게는 크나큰 변화를 맞이하게 되는 셈이다.

현재 잘 벌고 있다면 새로운 방법을 공부해야 한다. 나의 경우 전체 자금의 1% 정도는 시장을 연구하고 새로운 매매 방법을 만들기 위해 투입한다. 기업이라 치면 일종의 R&D Research and Development 비용인 셈이다. 물론 엄청나게 까먹는다. R&D 비용이라는 것이 원래 그렇다. 투자의 결실을 보는 예도 있지만 그렇지 않은 경우도 허다하다. 그러나 R&D는 항상 해야 한다.

예를 들어 5일선 이하의 눌림을 공략하는 매매방법이 안정적인 수익을 내고 있다면 기존 잘되는 매매는 계속 유지하면서 그 매매 금액의 1% 정도를 떼어내어 5일선 위에서 시세를 크게 먹는 구간을 공략하는 매매를 연습해 보는 것이다. 또 단기매매가 아니라 기간을 좀 더 길게 가져가는 스윙 매매법도 연습할 수 있다. 나 또한 현재 소액으로 스윙매매 연습을 위한 계좌를 따로 운영하고 있다.

새로운 방법을 연구하다 보면, '이거 되겠다' 싶은 것들이 있다. 여기서 조심해야 할 것은 섣불리 비중을 늘려서는 안 된다는 것이다. 특정 장세에서만 잘 먹히는 방법일 수 있기 때문이다. 오랫동안 검증이 되어야 한다. 무기는 많을수록 좋다. 그래야 장세가 변해도 오래 살아남을 수 있다.

아버지 왜 돈 공부하라고 하지 않으셨어요?

자녀가 있다면 혹은 자녀를 계획하고 있다면 아이의 10년을 줄여줄 수 있도록 아이의 금융 머리를 키워주어야 한다. 내가 아이들에게 직접 하고 있는 몇 가지 자녀 경제 교육 방법을 소개한다.

첫째, 증여세 비과세 한도 내에서 증여한다. 무리하게 한도에 꽉 채워서 증여할 필요는 없고 한도 내에서 사정에 맞게 증여하면 된다. 미성년자의 경우 10년마다 최고 2,000만 원, 19세 이상 성인의 경우 최대 5,000만 원까지 과세 없이 증여할 수 있다. 30세까지 1억 4,000만 원까지 증여할 수 있다.

증여를 통해 아이는 처음으로 금융을 접한다. 아이는 부모가 그 돈을 땀 흘려 벌었다는 것을 잘 안다. 그렇게 힘들게 번 돈을 어린 시절부터 본인을 위해 저축한 것을 본 아이는 쉽게 삐뚤어질 수 없다. 그리고 경제 관념이 생기지 않으려야 생기지 않을 수가 없다.

나의 경우 아이에게 2개의 통장을 만들어줬다. 하나는 주식통장이고 하나는 청약통장이다. 최근 국토교통부(2023년 8월 17일)에서 발표한 청약통장 기능 강화 방안을 보면, 미성년자의 청약통장 납부 가능 기간이 현행 2년에서 5년으로 늘어난다. 이렇게 되면 만 14세부터 청약통장을 개설하면 만 29세 때 가입 기간 항목에서 만점을 받을 수 있다. 이런 기능적인 측면 그뿐만 아니라 청약통장이 가지는 의미는 아이가 부동산에 관심을 가질 수 있다는 장점이 있다.

둘째, 집안의 재정 상태를 공유한다. 백 원 단위까지 세세하게 자녀에게 공유할 필요는 없다. 자식에게 내 잔고를 깐다는 것은 큰 수치심을 일으킬 수 있음을 나도 안다. 하지만 자녀로서는 부모의 재정 상태를 대략 알고 있어야 미래를 대비할 수 있다.

셋째, 노동의 소중함을 알려준다. 사업소득이나 자본소득으로 가기 전의 소득은 반드시 노동소득이어야 한다고 나는 믿는다. 그래야 사업이나 자본을 통해 실패를 맛보더라도 돌아갈 곳이 생긴다. 아이가 집안일을 도울 때 보상으로 용돈을 준다면, 아이는 간접적으로 노동소득을 경험할 수 있다.

넷째, 주도권은 아이에게 있다. 어른이 돼도 돈을 어떻게 다뤄야 할지 모르는 사람들이 많다. 설날, 추석 용돈을 본인의 호주머니로 간 적이 있지 않은가? 저축해 준다고 해놓고 꿀꺽한 적이 있을 것이다. 하지만 아이가 받은 돈의 주도권은 아이에게 돌려주어야 한다. 무엇을 사든 크게 개입하지 말아야 한다. 다만 소비나 저축으로 이어진 후에 그것에 관해 대화해보는 것은 아이에게 큰 가르침을 준다.

자식은 부모를 비추는 거울이다. 아이의 돈 교육을 위해 부모가

먼저 변해야 한다. 학교에서 아무리 가르쳐도 변화할 수 없다. 실물경제를 가르치기 가장 좋은 곳은 가정이기 때문이다.

악재를 만났을 때

그러나 내가 가는 길을 그가 아시나니 그가 나를 단련하신 후에는 내가 순금 같이 되어 나오리.　　　　　　　　　　　-욥기 23장 10절

　누구나 삶 속에서 고난을 만나고 싶어 하지 않는다. 투자자에게 가장 큰 고난은 상폐를 맞는 것이다. 그리고 매매를 하다 보면 크고 작은 악재를 자주 맞이한다. 악재를 만났을 때 사람들은 종목토론방을 찾는다. 악재의 크기를 가늠하고 위안도 얻기 위해 방문한 종목토론방에서 '육개장 내오거라'라는 염장 글에 마음이 더 타들어 간다.

　사람은 고난을 만났을 때나 악재를 만났을 때 그것을 바로 바라보지 못한다. 눈을 피한다. 마주하고 싶지가 않다. 그래서 매수의 이유를 다시 찾는다. 차트투자자가 갑자기 재무를 눈여겨보기 시작하고 가치투자자가 차트를 보기 시작한다. 보유의 이유를 찾는 것이다. 그러나 끊어내야 다시 살아낼 수 있다. 매수의 이유가 사라졌거나 그것을 집어삼킬 악재라면 손절해야 한다. 악재를 맞이하는 나의 탈출 전략을 몇 가지 소개한다.

첫째, 하한가는 맞지 않는다. 내가 보유한 종목이 하한가 근처까지 주가를 형성한다면 과감하게 손절한다. 일반적으로 상한가로 장을 마감하면 다음 날 갭상승을 일으키고 하한가로 장을 마감하면 다음 날 갭하락을 발생시킨다. 이런 위험에 내 계좌를 노출 시키지 않는 것이 중요하다.

둘째, 장 마감 후 악재가 발생했다면 장전 시간 외에 광클릭 해본다. 장전시간외는 정규장이 시작되기 전 8시 30분~8시 40분 사이 전일 종가로 매수하거나 매도할 수 있다. 증권사마다 장전시간외 주문 접수하는 시간이 상이하다. 각자 사용하는 증권사의 장전시간외 주문 접수 시간을 파악하여 매도 광클릭 해볼 필요가 있다.

셋째, 이미 맞이한 악재로 인해 크게 갭하락하는 경우는 바로 팔기보단 시가를 기준으로 일정 상승폭을 산정해 매도를 걸어둔다. 이미 공포감에 질린 사람들이 내놓은 물량으로 인해 과도한 갭하락에 내 물량을 태우기보단 조금이라도 더 건져보려는 시도이다.

넷째, 초대형 악재로 인해 점하한가로 가는 경우, 분할 하한가 주문을 낸다. 점하한가는 시가가 하한가인 경우다. 정말 생각하고 싶지 않은 일이지만 일어날 수 있으니 알아두자. 점하한가로 시작해서 하한가로 마무리된다면 다음 날도 큰 폭의 갭하락을 예상할 수 있다. 그렇다면 하한가에라도 탈출해야 한다. 동시호가 후 시가가 상한가나 하한가로 정해지는 경우 수량 우선원칙에 따라 체결 수량이 배분된다. 수량이 많은 주문 순으로 100주 → 잔량의 절반 → 잔량 3단계로 체결된다. 이런 경우 최대한 체결 수량을 늘리기 위해 보유 수량을 쪼개 매도주문을 여러 개로 나눠서 낸다.

위기 뒤 기회, 야구에서도 위기를 잘 극복하면 다음 공격 때 기회가 찾아온다. 주식도 마찬가지다. 위기를 잘 극복하면 반드시 기회는 온다. 포기하지 말고 꾸준히 시장과 함께 하자.

무엇이든 물어보세요

삼프로TV, 돈깡 채널 출연과 블라인드 앱을 통해 직장인 투자자들과 '무물(무엇이든 물어보세요)'을 진행한 적이 있다. 그곳의 질문들을 각색하고 솔직한 대답과 함께 이곳에 실었다.

Q **삼성전자는 시가총액이 크기 때문에 당연히 거래대금이 많을 거 같은데요. 이런 것들을 필터링할 방법이 있을까요?**

A 거래대금 순위를 등락률 기준으로 재정렬하면 시가총액이 높아서 거래대금이 높은 부분을 필터링할 수 있습니다. 삼성전자는 거래대금은 높더라도 일반적으로 등락률이 낮기 때문이지요. 다만 시가총액이 크더라도

2023년의 포스코홀딩스처럼 시장 주도주로 나서는 경우는 매매 대상에 포함됩니다. 물론 이때는 등락률이 높습니다.

....

Q 수익은 잘 보는데 손절이 어렵습니다. 조언 부탁합니다.

A 길게 보면 주식은 비중관리, 계좌관리와 손절의 싸움입니다. 손절만 잘하면 깡통 찰 일이 없어요. 손절이 어려운 이유에는 여러 가지가 있을 수 있습니다. 첫 번째, 비중을 너무 크게 해 심적으로 손절을 감당하기 힘들기 때문입니다. 이런 경우라면 종목당 투입 비중을 줄이거나 퍼센트 단위 손절이 아닌, 감당 가능한 금액이 넘어가면 손절하는 방법이 도움이 될 수 있어요. 두 번째, 손절하고 오르는 경우를 많이 보았기 때문입니다. 그러나 실제로 손절하고 떨어지는 경우도 많은데, 각인이 안 되었을 뿐입니다. 손절을 못 할 때 손실이 커지는 것 자체보다 더 큰 문제는 현금 고갈입니다. 현금 고갈은 단기투자자의 최대 적입니다. 명심하세요. 팔고 오르는 거 신경 쓰지 마세요. 그보다 자금이 회전되는 것이 중요합니다. '손절할 거 손절해도 전체적으로 보면 수익이다'라는 성공 경험을 많이 쌓으면 손절이 쉬워집니다. 스스로가 통제가 안 된다면 증권사의 스탑로스 기능을 사용해 보는 것을 추천합니다.

....

Q 손절을 종가 기준으로 잡는 이유가 있나요?

A 장중 하락이 어디까지 나올지 알 수가 없습니다. 좋은 종목이라면 순간적으로 하락이 나오더라도 대기 매수세가 유입되며 장중에 다시 끌어올리는 경우가 허다합니다. 그래서 매매 타점은 선이 아니라 면이라고 하는 것입니다. 그래서 전 종가 기준으로 손절합니다. 다만 엄청나게 큰 악재로 인해 하한가까지 가는 경우라면 장중 손절합니다.

Q 투자와 관련한 책을 구매하실 때, 고르는 기준이 있으신가요?

A 저자소개를 유의 깊게 봅니다. 실전 투자 경험이 있는지, 투자를 통해 '실제로' 수익을 내고 있는지가 가장 큰 기준입니다. 저자가 가지고 있는 타이틀은 중요하지 않아요. 책을 읽고 합당하다고 생각하는 경우에는 과거 데이터를 기준으로 검증을 해봅니다. 기법이 맞지 않더라도 문장 속에 녹아 있는 내용이 도움이 되는 부분이 분명 있으므로 책은 많이 읽으면 읽을수록 좋다고 생각해요. 비슷한 관점으로 증권사에서 개최하는 투자대회의 상위권 투자자들의 매매내역을 살펴보는 것도 인사이트를 얻는 데 도움이 됩니다.

....

Q 자동매매 프로그램만 있으면 놀고먹을 수 있겠어요. 자동매매 프로그램 사고 싶어요.

A 시스템 트레이딩은 마법이 아닙니다. 단순히 내가 손으로 하는 매매를 시스템에 이식해 놓았을 뿐입니다. 손으로 매매가 되지 않으면, 시스템 트레이딩으로 백날 해도 수익이 안 나요. 오히려 많은 종목을 매매하게 돼서 손실만 커질 뿐입니다. 먼저 수익 내는 자신의 투자철학과 방법이 필요해요. 자동매매 프로그램을 매일 똑같이 돌리는 게 아니라, 매일 저녁 매매 대상과 매수, 매도가격을 설정합니다. 그러니 프로그램이 있다 해도 관점과 시나리오가 없다면 무용지물입니다.

....

Q 자동매매를 할 때 시장가로 사나요? 지정가로 사나요?

A 지정가로 삽니다. 호가가 얇은 경우 시장가로 사거나 팔면 슬리피지가 발생해요. 덜 사지거나 덜 팔리더라도 지정가로 주문을 냅니다. 거래대금이

많은 종목을 매매하면 이 부분을 줄일 수 있어요.

Q **사회초년생입니다. 이제 재테크 공부 좀 해보려고 하는데, 어떻게 시작하면 좋을까요?**

A 무조건 소액으로 일단 시작 하세요. 소액으로 하되 마음속 금액은 거기에 10을 곱하세요. 눈으로 보지 말고 시장 안에서 실전으로 경험하세요. 실전으로 해야 공부도 재밌고 효율도 좋습니다. 주식 장기투자, 주식 단기투자, 부동산투자 등 필드를 정하고 그 안에 모든 책을 다 읽는다는 생각으로 공부하며 검증하세요.

Q **신문 보시나요?**

A 네!. 경제신문, 종합신문 구독하여 보고 있어요. 종이신문을 보는 이유는 슈퍼개미 남석관 회장님의 책 《평생 부자로 사는 주식투자》에서 종이신문 지면의 크기가 뉴스의 크기라는 뉘앙스로 말한 부분에 공감하였기 때문입니다. 인터넷 뉴스는 자극적인 제목으로 유혹하는 뉴스만 선별적으로 보게 되지만, 종이신문은 정치, 경제, 사회, 문화 모든 분야에서 균형 있게 세상을 보게 해줍니다. 이때 주의할 점은 뉴스에는 특정 종목 하나에 맵핑된 광고성 뉴스도 많다는 사실입니다.

내력을 키우는 투자

업무 보랴 투자하랴 너무나도 힘든 것을 누구보다 잘 안다. 내가 책 내내 강조했던 것처럼 직장인은 투자에 불리한 것처럼 보이지만 유리한 점도 분명히 많다. 주어진 환경에서 환경을 탓하며 허우적대는 것보다 한계를 인정하고 그것을 극복하는 방법을 찾아야 한다.

난 잘하는 것이 별로 없다. 그런데 잘하는 게 딱 하나 있다. 그냥 하는 것, 꾸준히 하는 것이다. 중요한 것은 꺾이지 않는 마음이 아니라, '꺾여도 그냥 하는 마음'이다. 얻어터져도 계속한다. 그렇게 10년을 버텼고 겨우 수익을 내기 시작했다. 그 후 10년 동안 꾸준한 수익을 냈다.

　장이 안 좋으면 투자를 쉬라는데, 나는 둔해서 장이 안 좋은 걸 후행적으로 안다. 그래서 계속한다. 지금도 월별로 얻어터지는 달이 있다. 그냥 한다. 거기서 얻는 것이 있다. 그러다 보면 좋은 달이 또 온다. 방법이 맞다는 확신이 있다면, 통계의 힘을 믿고 신뢰하고 앞으로 나아가자. 이때 간과하지 말아야할 것은 리스크 관리이다. 월급이라는 안전마진을 발판삼아 리스크 관리만 잘 된다면 언젠가 우상향하는 계좌를 만날 수 있을 것이다.

　내 책엔 다른 책보단 마인드와 공부하는 법에 관한 내용이 많다. 나는 물고기를 잡는 법, 그러니까 '어디에 그물을 쳐야 하는지'를 알려주는 책을 쓰고 싶었다. 독자가 원하는 현란한 기법에 관한 내용이 적어서 실망했을 수도 있겠다. 그러나 시장은 그렇게 복잡하지 않다. 외력보단 내력을 키워야 오랫동안 주식을 잘 할 수 있다.

　수익을 내거든 충분히 누리길 바란다. 그러나 누리되 메이지 말아야 한다. 수익에 메이게 되는 순간 또 다른 돈의 노예가 되는 것이다. 충분히 누리고 난 후 그것을 흘려보내는 독자들이 되길 진심으로 바란다. 나중에 부자가 되면 이렇게 하겠다기보다는 지금 당장 작은 실천을 하나 해보기를 권한다. 투자소득은커녕 근로소득도 없던 대학원생 때 아동 후원을 시작했고, 17년이 지난 지금도 이어지고 있다. 부자처럼 보이는 부자 말고 진짜 부자가 함께 되어보자.

모두의 성투를 바라며
공돌투자자, 김동준

나는 주식으로
월급 두 번 받는다

1판 1쇄 발행 2024년 1월 30일
1판 3쇄 발행 2024년 2월 14일

지은이 공돌투자자(김동준)

발행인 양원석 **편집장** 박나미 **책임편집** 이수빈
디자인 디박스
영업마케팅 윤우성 박소정 이현주 정다은 박윤하

펴낸 곳 ㈜알에이치코리아
주소 서울시 금천구 가산디지털2로 53, 20층(가산동, 한라시그마밸리)
편집문의 02-6443-8867　　**도서문의** 02-6443-8800
홈페이지 http://rhk.co.kr
등록 2004년 1월 15일 제2-3726호

ISBN 978-89-255-7540-7 (03320)